초등국어
독해력
사다리

초등국어
독해력
사다리

지은이 안명숙
펴낸이 정규도
펴낸곳 (주)다락원

초판 1쇄 발행 2018년 3월 15일
초판 2쇄 발행 2020년 4월 9일

편집총괄 장의연
책임편집 허윤영
디자인 All Contents Group
일러스트 김건

다락원 경기도 파주시 문발로 211
내용문의 (02) 736-2031 내선 524
구입문의 (02) 736-2031 내선 250~252
Fax (02) 732-2037
출판 등록 1977년 9월 16일제406-2008-000007호

값 12,000원
ISBN 978-89-277-0095-1 64710
978-89-277-0094-4 (세트)

http://www.darakwon.co.kr
다락원 홈페이지를 방문하시면 상세한 출판정보와 함께
다양한 혜택을 얻으실 수 있습니다.

사진 출처 shutterstock.com

초등국어 독해력 사다리

안명숙 지음

다락원

"재미있게 읽으면서 독해력을 키울 수 없을까?"

요즘 초등학교에 입학한 아이들을 보면 어려운 영어 단어를 줄줄 외우고 간단한 영어책도 읽을 줄 아는 아이들이 많습니다. 그런데 참 신기하게 우리글을 읽을 때는 다릅니다. 글자는 잘 읽으면서 정작 단어의 뜻은 잘 모르거나 글에 담긴 내용과 의미를 제대로 읽어내지 못합니다. 또 시간 가는 줄 모르고 몇 시간씩 스마트폰은 보면서 책을 읽을 때는 짧은 시간도 집중하기 어려워하지요. 이런 아이들에게 글 읽기를 가르치다 보니 우리글 독해력을 기를 수 있는 방법을 고민하게 되었습니다. 그러면서 아이들이 집중해서 읽을 만큼 재미있으면서 내용과 의미를 깊게 생각해 볼 만한 지문을 실은 읽기 교재가 필요하다는 것을 깨닫게 되었습니다.

글의 내용을 이해하고 자기 것으로 소화하는 능력을 독해력이라고 합니다. 다시 말해 '글을 읽고 내용을 이해하는 능력'입니다. 독해력은 읽기 활동을 할 때 가장 기초가 되는 중요한 능력이지만, 하루아침에 뚝딱 만들어지지 않습니다. 매일매일 글을 꾸준히 읽고 그 속에 담긴 내용을 파악하는 과정을 반복해야만 독해력이 길러지지요.

〈초등국어 독해력 사다리〉 1단계와 2단계는 초등학교 입학 전 아동이나 초등학교 1, 2학년 학생들이 각자 자기에게 맞는 수준을 선택해 매일매일 꾸준히 글을 읽으면서 독해력을 키울 수 있도록 구성되어 있습니다. 아이들의 인지 발달 과정에 맞추어 어휘 수준과 글 길이를 고려한 〈초등국어 독해력 사다리〉로 글을 읽고 이해하는 연습을 해 보면 어떨까요?

　쉽고 재미있게 국어 독해력을 기를 수는 없을까? 글을 읽으면서 자연스럽게 아이들의 어휘력을 높일 수는 없을까? 글을 통해 우리 아이들의 생각을 성장시키고 마음도 따뜻하게 해 줄 수는 없을까? 〈초등국어 독해력 사다리〉 1, 2단계를 쓰는 내내 제가 붙들고 있던 질문들입니다. 독해력 사다리를 한 단계, 한 단계 오르는 우리 친구들이 이런 질문에 긍정적으로 응답해 주기를 간절히 바랍니다.

　마지막으로, 집필하는 긴 시간 동안 제게 많은 생각할 거리를 주신 다락원의 허윤영 차장님께 깊은 감사의 마음을 전합니다.

2018년 3월
안명숙

★ 어떻게 읽을까

책을 펼치면 먼저 '어떻게 읽을까' 코너가 나옵니다. 말 그대로 글의 내용을 제대로 이해하기 위해서 어떻게 읽어야 하는지 방법을 보여주는 코너로, 꼭 알아야 하는 10개의 독해 기술을 선정해서 쉬운 연습문제를 풀며 익힐 수 있게 구성하였습니다.

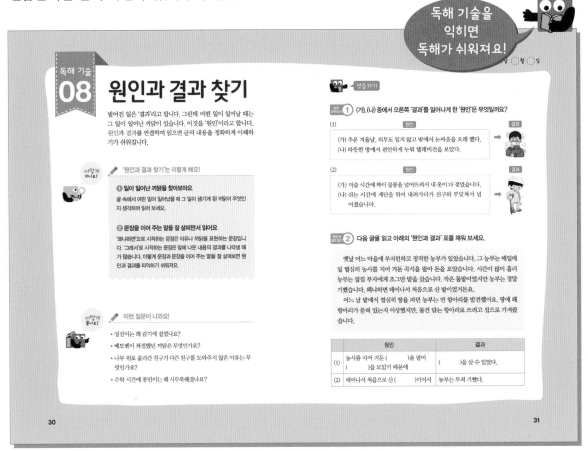

이렇게 공부하세요

독해력이 있다는 것은 '다양한 독해 기술을 활용해 글의 내용을 이해한다'는 뜻입니다. 〈초등국어 독해력 사다리〉 1, 2단계에서는 예비 초등학생부터 초등학교 1, 2학년생들이 꼭 갖추어야 할 국어 독해 기술을 쉽게 정리하였습니다. 먼저 독해 기술을 소개하는 글을 읽고, 독해 기술을 효과적으로 키우는 방법을 정리한 설명을 소리 내어 읽으세요. 학습하는 독해 기술을 묻는 질문의 예도 꼭 읽어 보세요.

독해 기술을 설명하는 페이지 옆에는 배운 독해 기술을 연습할 수 있는 연습문제가 있습니다. 문제를 풀면서 공부한 내용을 내 것으로 만들어 보세요.

배운 독해기술은 꼭 연습하세요!

실전! 독해 테스트

[1~3] 다음 글을 읽고 문제를 풀어 보세요.

우리나라에는 봄, 여름, 가을, 겨울 사계절이 있어요. 계절마다 서로 다른 특징이 있지요.

겨울이 지나 봄이 오면 날씨가 서서히 따뜻해지면서 땅에는 새싹이 파릇파릇 돋아납니다. 봄은 푸른 새싹, 노란 꽃, 긴 잠에서 깨어난 개구리들과 함께 옵니다.

여름에는 햇살이 쨍쨍 내리쬐면서 푸른 잎이 더욱 크고 빽빽하게 자랍니다. 날씨가 찌는 듯이 더워서 선풍기와 에어컨을 틀게 되고, 바다나 수영장으로 놀러 가기도 합니다. 여름에는 낮이 길어져서 저녁이 되어도 밤이 환합니다. 비가 자주, 많이 내리기도 하지요.

가을은 울긋불긋 단풍이 산을 뒤덮는 계절이에요. 단풍을 보러 많은 사람이 산으로 소풍을 갑니다. 점점 날씨가 쌀쌀해지면 나무에서 떨어진 낙엽이 길 위에 수북하게 쌓이죠. 낮의 길이도 점점 짧아집니다.

겨울은 매우 추운 계절입니다. 가을보다 훨씬 추워져서 눈이나 비가 오면 얼음이 얼어 빙판길이 되기도 합니다. 낮의 길이도 가을보다 짧아져서 밤이 길어지죠. 눈이 내리면 친구들과 눈싸움을 하고 눈사람도 만들면서 신나게 놀 수 있는 계절이기도 합니다.

각기 다른 특징이 있는 우리나라의 사계절이 참 아름답습니다.

· 돋아납니다 쏵과 같은 것이 밖으로 나옵니다 (봄 돋아나다

1 이 글은 무엇을 설명하고 있나요?

우리나라의 □ □ □

2 계절과 어울리는 특징을 선으로 이어 보세요.

(1) 봄 ·　　　　· (ㄱ) 비가 많이 내리고 무척 덥다.
(2) 여름 ·　　　　· (ㄴ) 매우 춥고 하얀 눈도 내린다.
(3) 가을 ·　　　　· (ㄷ) 개구리들이 긴 잠에서 깨어난다.
(4) 겨울 ·　　　　· (ㄹ) 길 위에 낙엽이 수북하게 쌓인다.

3 우리나라의 가을과 겨울 날씨를 비교한 내용을 찾아 빈칸을 채우세요.

· 우리나라의 겨울은 가을보다 더 (　　　　)져서 눈이 오면 얼음이 얼어 빙판길이 되기도 한다.
· 겨울에는 가을보다 낮의 길이가 (　　　　)져서 밤이 (　　　　).

활용 TIP

1 매일매일 독해 기술을 하나씩 공부하고, 공부한 날짜를 기록하세요

공부는 매일, 꾸준히 하는 것이 가장 중요합니다. 매일 공부하는 습관을 들이기 위해서는 잊지 말고 하루에 하나씩 독해 기술을 공부합시다.

2 틀린 문제는 왜 틀렸는지 생각하고, 다시 풀어 보세요

몇 개를 틀렸는지가 중요한 것이 아니라 '왜 틀렸는지'를 아는 것이 중요합니다. 틀린 문제의 답을 확인만 하고 넘어가지 말고, 왜 틀렸는지 생각해 본 다음 '정답과 해설'에서 자세한 문제풀이를 읽으면서 모르는 내용을 확실하게 다져야 합니다.

3 '실전! 독해 테스트'에서 실력을 확인해 보세요

자신의 독해 실력을 평가할 수 있는 테스트입니다. 20분이나 30분 이내 등 스스로 목표 시간을 정해서 풀어 봅시다.

★ 무엇을 읽을까

총 6과로 나누어 주제별 읽기를 합니다. 교과서를 바탕으로 초등학생들이 꼭 알아야 하는 내용을 선별하여 재미있게 지문을 구성하였습니다. '어떻게 읽을까'에서 배운 독해 기술을 활용해 실전 시험처럼 독해 활동을 해 보세요.

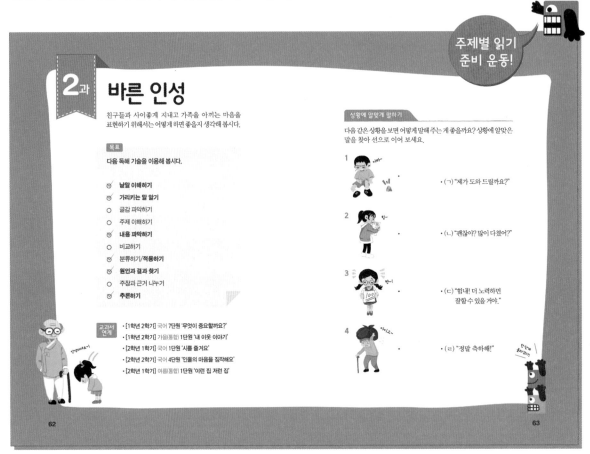

'무엇을 읽을까'에서는 꼭 배워야 할 지식과 정보가 담긴 글, 그리고 읽기가 즐거워지는 글을 여섯 개의 주제로 묶어서 제시합니다. 실제 교과서와 연계된 흥미로운 지문을 읽으면서 앞으로 배울 내용을 예습하거나 이미 배운 내용을 복습할 수 있습니다.

특히 '어떻게 읽을까'에서 공부한 독해 기술을 제대로 활용할 수 있는지, 지문을 읽고 문제를 풀면서 스스로 확인할 수 있습니다.

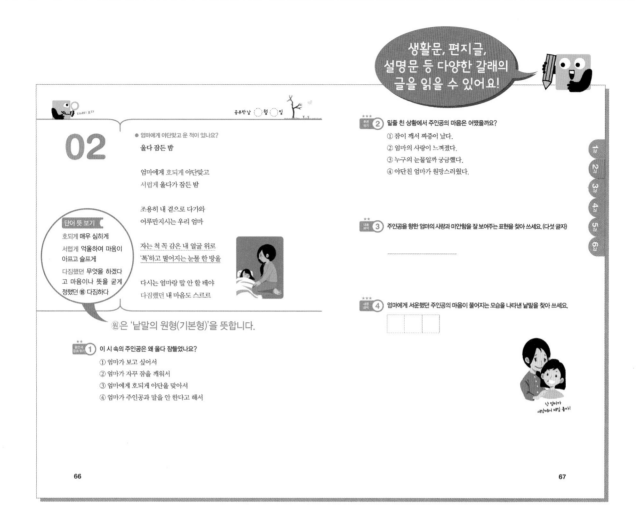

생활문, 편지글, 설명문 등 다양한 갈래의 글을 읽을 수 있어요!

활용 TIP

1 모든 과의 시작 페이지를 꼼꼼히 읽고, 앞으로 읽을 내용을 예상해 보세요

어떤 지문을 읽게 될지 예상해 보세요. 본격적으로 읽기 시작하기 전에 몸풀기로 '배경지식 확인하기'나 '상황에 알맞게 말하기' 등의 활동도 꼭 풀어 보세요.

2 지문을 처음 읽을 때는 빨리, 다시 읽을 때는 꼼꼼히 읽으세요

천천히 한 번 읽는 것보다 처음 읽을 때 빨리 읽고 전체적인 내용을 파악하는 것이 좋습니다. 그런 다음 조금 시간을 두고 꼼꼼하게 지문을 다시 한번 읽어 보세요.

3 하루에 지문 하나씩 읽고, 어떤 문제를 틀렸는지도 꼭 확인하세요

매일 공부하고, 공부한 날짜를 적으세요. 답을 맞추어 본 후에는 어떤 유형의 문제를 틀렸는지 꼭 확인하세요. 문제 위에 있는 별표는 문제가 얼마나 어려운지를 나타냅니다. 개수가 하나(쉽다)인 것은 안 틀리면 좋겠죠?

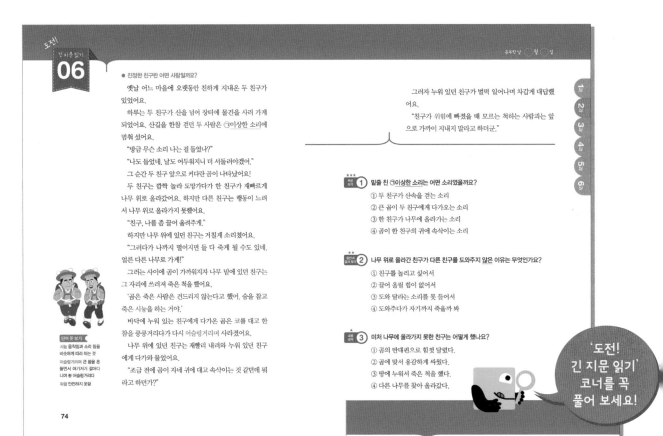

● 진정한 친구란 어떤 사람일까요?

옛날 어느 마을에 오랫동안 친하게 지내온 두 친구가 있었어요.

하루는 두 친구가 산을 넘어 장터에 물건을 사러 가게 되었어요. 산길을 한참 걷던 두 사람은 ㉠이상한 소리에 멈춰 섰어요.

"방금 무슨 소리 나는 걸 들었나?"

"나도 들었네. 날도 어두워지니 더 서둘러야겠어."

그 순간 두 친구 앞으로 커다란 곰이 나타났어요!

두 친구는 깜짝 놀라 도망가다가 한 친구가 재빠르게 나무 위로 올라갔어요. 하지만 다른 친구는 행동이 느려서 나무 위로 올라가지 못했어요.

"친구, 나를 좀 끌어 올려주게."

하지만 나무 위에 있던 친구는 거칠게 소리쳤어요.

"그러다가 나까지 떨어지면 둘 다 죽게 될 수도 있네. 얼른 다른 나무로 가게!"

그러는 사이에 곰이 가까워지자 나무 밑에 있던 친구는 그 자리에 쓰러져 죽은 척을 했어요.

'곰은 죽은 사람은 건드리지 않는다고 했어. 숨을 참고 죽은 시늉을 하는 거야.'

바닥에 누워 있는 친구에게 다가온 곰은 코를 대고 한참을 킁킁거리다가 다시 어슬렁거리며 사라졌어요.

나무 위에 있던 친구는 재빨리 내려와 누워 있던 친구에게 다가와 물었어요.

"조금 전에 곰이 자네 귀에 대고 속삭이는 것 같던데 뭐라고 하던가?"

단어 뜻보기
시늉 움직임과 소리 등을
비슷하게 따라 하는 것
어슬렁거리며 큰 몸을 흔
들면서 여기저기 걸어다
니며 돌 어슬렁거리다
위험 안전하지 못함

74

그러자 누워 있던 친구가 별떡 일어나며 차갑게 대답했어요.

"친구가 위험에 빠졌을 때 모르는 척하는 사람과는 앞으로 가까이 지내지 말라고 하더군."

추론하기 1 밑줄 친 ㉠이상한 소리는 어떤 소리였을까요?

① 두 친구가 산속을 걷는 소리
② 큰 곰이 두 친구에게 다가오는 소리
③ 한 친구가 나무에 올라가는 소리
④ 곰이 한 친구의 귀에 속삭이는 소리

읽면서 골라 찾기 2 나무 위로 올라간 친구가 다른 친구를 도와주지 않은 이유는 무엇인가요?

① 친구를 놀리고 싶어서
② 끌어 올릴 힘이 없어서
③ 도와 달라는 소리를 못 들어서
④ 도와주다가 자기까지 죽을까 봐

내용 파악 3 미처 나무에 올라가지 못한 친구는 어떻게 했나요?

① 곰의 반대편으로 힘껏 달렸다.
② 곰에 맞서 용감하게 싸웠다.
③ 땅에 누워서 죽은 척을 했다.
④ 다른 나무를 찾아 올라갔다.

내용 파악 4 진정한 친구는 언제 알아볼 수 있는지 글에서 알맞은 낱말을 찾아 쓰세요.

☐☐ 에 빠졌을 때

내용 파악 5 아래 그림은 이야기의 장면을 그린 것입니다. 이야기 순서대로 그림의 기호를 쓰세요.

( ) → ( ) → ( ) → ( )

76

'도전!
긴 지문 읽기'
코너를 꼭
풀어 보세요!

활용 TIP

1 '도전! 긴 지문 읽기'에 꼭 도전하세요

모든 과의 마지막 지문은 글밥이 많고 풀어야 할 문제 수도 많습니다. 하지만 두려워하지 말고 한 단계 어려운 독해 활동에 도전해 보세요. 이런 도전이 쌓이면서 독해 실력이 높아지고, 능동적으로 글을 읽게 됩니다. 문제를 풀 때는 지문을 다시 읽지 말고 읽은 내용을 떠올려 문제를 풀려고 노력해 보세요.

2 틀린 문제는 다시 한번 풀어 보세요

틀린 문제는 '정답과 해설'에서 문제풀이를 찾아 꼼꼼하게 읽고 무엇을 놓쳤는지 확인하세요. 읽고 난 다음에는 다시 한번 풀어 봅시다.

1과 2과 3과 4과 5과 6과

활용 TIP

1 내 생각을 정리해서 나만의 이야기를 써 보세요

'나만의 이야기 만들기' 코너가 모든 과의 마지막을 장식합니다. 공부한 과의 주제나 지문 내용과 관련해서 자기 생각을 글로 쓰거나 그림으로 표현하고, 책이나 인터넷에서 정보를 찾아 쓰는 활동을 합니다. 이 활동을 통해 글짓기 실력이 자라고, 자기 생각을 조리 있게 표현할 수 있게 되며, 창의적인 콘텐츠를 만들어내는 토대를 다질 수 있습니다.

정해진 답은 없으니 나만의 이야기, 나만의 콘텐츠 만들기에 도전해 보세요!

목차

어떻게 읽을까

무엇을 읽을까

1과 적응과 활동

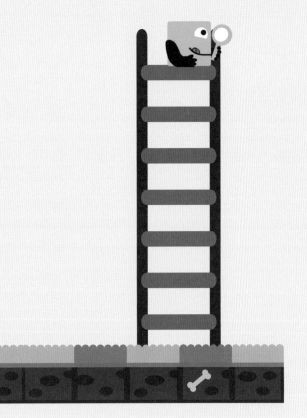

어떻게 읽을까

01

낱말 이해하기

가, 나, 다와 같이 낱자가 만나 '가다'와 같은 낱말(단어)이 되고, 낱말이 모여서 문장이 됩니다. 그리고 문장이 모여서 글이 됩니다. 따라서 글을 이루는 작은 단위인 낱말의 뜻을 잘 이해하는 것은 독해의 기초라고 할 수 있습니다.

어떻게 하나요?

✏️ '낱말 이해하기'는 이렇게 해요!

❶ 앞뒤 문장을 잘 살펴보아요

글을 읽을 때 잘 모르는 낱말이 나오면 앞뒤 문장을 잘 살펴보세요. 앞뒤 문장의 내용을 보면 모르는 낱말의 뜻을 미루어 짐작할 수 있습니다.

❷ 낱말 뜻을 풀이하는 부분이 있는지 확인해요

글을 쓸 때 똑같은 낱말을 여러 번 사용하기보다 그 낱말의 뜻을 풀어서 쓸 때가 많아요. 또한 앞에 나온 낱말과 뜻이 반대이거나 비슷한 낱말을 쓰기도 합니다. 이러한 부분을 잘 살피면서 글을 읽으면 모르는 낱말이 나와도 어렵지 않게 뜻을 짐작할 수 있어요.

어떻게 묻나요?

✏️ 이런 질문이 나와요!

• 밑줄 친 ㉠포옹의 뜻이 무엇인지 글에서 찾아 빈칸에 쓰세요.

• 이 글의 내용 중 '친절'과 반대의 뜻을 가지고 있는 낱말을 찾아 적으세요.

• 병균 등을 옮겨서 우리 몸을 아프게 만드는 등 우리에게 나쁜 영향을 미치는 벌레를 무엇이라고 하는지 글에서 찾아 쓰세요.

 연습하기

뜻풀이 찾기 1 글에서 '포유류'의 뜻을 찾아 빈칸을 채워 보세요.

　　어미가 새끼를 낳아 기를 때 젖을 먹이는 동물을 포유류라고 합니다. 포유류에는 곰, 호랑이, 사자, 여우, 원숭이, 개처럼 육지에 사는 동물도 있고, 고래나 바다표범, 바다사자처럼 바다에 사는 동물도 있습니다. 그리고 사람도 포유류에 포함됩니다.

● 포유류: 어미가 ＿＿＿＿＿＿＿＿＿＿＿＿＿＿＿ 동물

단서 찾기 2 다음 글을 읽고 주어진 활동을 해 보세요.

　　우리는 자만하지 말아야 합니다. 내가 알고 있는 것이나 할 수 있는 것을 남들 앞에서 지나치게 뽐내거나 자랑하는 것은 나에게 도움이 되지 않습니다. 친구들과 친해지기 힘들 수도 있고 나의 부족한 점을 고칠 기회를 잃어버릴 수도 있어요. 그러므로 항상 겸손한 마음을 지니려고 노력해야 합니다.

(1) 글에서 '자만'의 뜻으로 생각되는 부분을 찾아 빈칸을 채워 보세요.

　　● 자만: 나에 관해 지나치게 ＿＿＿＿거나 ＿＿＿＿ 것

(2) '자만'과 반대되는 뜻을 가진 낱말을 찾아 써 보세요. (　　　　　　)

02 가리키는 말 알기

가리키는 말이란 앞에서 말한 낱말이나 내용을 다시 쓸 때 대신 사용하는 말입니다. 주로 '이', '그', '저'가 들어갑니다. 예를 들면 '이것', '그 사람', '저쪽' 등이지요.

어떻게 하나요?

 '가리키는 말 알기'는 이렇게 해요!

❶ 글에서 가리키는 말을 찾아요

글을 읽으면서 가리키는 말이 나오는지 살펴보세요. '그분이', '그런 일이', '이곳으로', '저 사람' 등에서 알 수 있듯이, 보통 가리키는 말에는 '이', '저', '그'가 들어갑니다. 사람을 가리킬 때는 '나', '너', '우리'처럼 표현하기도 해요.

❷ 가리키는 말의 앞의 내용을 자세히 읽어요

가리키는 말을 찾았다면 무엇을 가리키는지 생각하면서 앞의 내용을 다시 읽어 보세요. 보통은 앞에 이미 가리키는 대상이 나옵니다. 예를 들어, '그분'은 앞에서 말한 사람, '그런 일'은 앞에서 말한 사건, '이곳'은 앞에서 나온 장소를 다시 말할 때 쓰는 말입니다. 가리키는 말 대신에 가리키는 대상을 넣어서 글을 읽었을 때 자연스럽게 내용이 연결되면 가리키는 말과 대상을 바르게 찾은 것이랍니다.

어떻게 묻나요?

 이런 질문이 나와요!

- 글에서 밑줄 친 이런 상황은 어떤 상황을 가리키는 말인가요?

- 글에서 '너', '나'는 각각 누구를 가리키는 말인지 찾아보세요.

- 밑줄 친 '㉠그분이 오신 뒤부터 우리 마을이 좋아졌다'에서 '그분'은 누구를 가리키는 말인지 아래에서 고르세요.

 연습하기

1 다음 문장에서 밑줄 친 부분이 무엇을 가리키는지 써 보세요.

(1) 수진: "정아야, 오늘 도서관에 가자."
정아: "그래, 거기 가서 같이 숙제하자."

• 거기 : _____

(2) 지윤이는 토끼를 닮았어. 눈도 동그랗고, 앞니가 토끼 이빨처럼 생겼거든. 그 애가 웃을 때 난 토끼 같다고 생각해.

• 그 애 : _____

(3) 3년 전에 우리 동네에서 큰불이 났었다. 마을 사람들은 아직도 그 사건을 잊지 못하고 있다.

• 그 사건 : _____

2 밑줄 친 ㉠과 ㉡이 가리키는 내용을 찾아 써 보세요.

"인영아, 서현이가 전학 간대! 아, ㉠너는 서현이랑 친하니까 이미 들었겠네."
학교에 오자마자 윤주가 뛰어와서 내게 소식을 전해 주었다.
"어, 나도 들었어. 행복초등학교로 간대."
이미 들어서 알고 있었지만 눈물이 핑 돌았다. 지난 한 달 동안 서현이와 함께 했던 시간이 떠오르자, 헤어지는 것이 더 서운하게 느껴졌다.
'서현아! 그동안 너와 함께 지내면서 참 즐거웠어. ㉡그 학교에 가서 다른 친구들을 사귀어도 우리 자주 연락하자!'
난 서현이에게 아쉬운 마음을 담아 편지를 썼다.

• 너 : _____   • 그 학교 : _____

03 글감 파악하기

글을 쓸 때 글의 가장 중요한 재료가 되는 내용을 글감이라고
합니다. 글감을 파악하는 것이 독해의 기본입니다.

어떻게
하나요?

✏ '글감 파악하기'는 이렇게 해요!

① 중요한 사건이나 인물, 내용을 찾아요

글에서 다루고 있는 중요한 사건이나 인물, 내용이 무엇인지 살펴보
세요. 어떤 사건이 일어났는지, 어떤 인물에 관해서 이야기하고 있
는지, 어떤 내용을 자세히 설명하고 있는지 살펴보면 글감을 알
수 있습니다.

② 여러 번 나오는 낱말을 찾아보아요

글에 어떤 낱말이 자주 나오는지 찾아보세요. 그런 다음 내용상 중
요한 낱말을 확인하면 글감이 무엇인지 알기 쉽습니다.

어떻게
묻나요?

 이런 질문이 나와요!

• 이 시는 무엇에 관한 시인가요?

• 이 글에서 주로 설명하고 있는 것이 무엇인지 쓰세요.

• 이 글에서 가장 많이 나오는 중요한 낱말은 무엇인가요?

• 다음 글의 글감은 무엇인가요?

 연습하기

반복되는 말 찾기 1 다음 시를 읽고 주어진 활동을 해 보세요.

삼촌의 선물인 색깔 안경을 쓰고 밖으로 나가 봅니다.
빨간색 색깔 안경을 쓰니 사과도 하늘도 바다도 모두 빨갛고,
노란색 색깔 안경을 쓰니 바나나도 학교도 유치원도 모두 노랗고,
파란색 색깔 안경을 쓰니 파도도 나무도 새들도 모두 파랗게 보여요.
옆에 있던 동생이 한 번만 써보자고 자꾸만 졸라요.
내일은 초록색 색깔 안경을 쓰고 나가 볼래요.

(1) 이 시에 여러 번 나오는 중요한 낱말을 찾아서 동그라미를 치세요.
(2) 이 시의 글감이 무엇인지 써 보세요.   (   )

글감 파악하기 2 다음은 무엇에 관해 이야기하는 글인가요?

　나랑 오빠는 엄마의 심부름을 갑니다. 매주 수요일은 우리 가족이 서로 돕는 날이거든요.
　집 앞 가게에 가서 우유를 사 오라는 엄마 말씀을 듣고 집을 나섭니다. 처음에는 오빠랑 서로 심부름을 미루기도 했지만, 이제는 즐겁게 다녀옵니다. 심부름을 다녀왔을 때 엄마가 보여주시는 환한 웃음이 정말 좋거든요. 엄마께 도움이 되는 일을 한 것 같아 마음도 뿌듯해져요.
　오빠와 나는 좋아하는 노래를 흥얼거리며 가게에 가서 우유를 샀어요. 돌아오는 발걸음이 무척 가벼웠어요.

① 수요일　　　　　② 심부름
③ 엄마　　　　　　④ 우유

주제 이해하기

글에는 글쓴이가 가장 중요하게 말하는 내용(생각)이 있어요. 이러한 중심 생각을 주제라고 합니다. 글쓴이가 글 전체를 통해 꼭 전하려고 하는 중심 생각이 무엇일지 파악하며 글을 읽어야 합니다.

 어떻게 하나요?

'주제 이해하기'는 이렇게 해요!

❶ 글의 첫 번째 단락과 마지막 단락을 읽어요

글의 첫 번째 단락이나 마지막 단락에 글쓴이가 가장 중요하게 전하고 싶어하는 생각이 나타날 때가 많으므로 글의 처음과 끝을 자세히 읽어 보세요.

❷ 글감에 관한 글쓴이의 태도나 생각을 확인해요

글감을 파악하고, 글감에 관해 글쓴이가 어떻게 생각하는지 확인해 보세요. 글감에 관해 말할 때 사용하는 단어나 표현을 살펴보면 글의 중심 생각인 주제를 쉽게 찾을 수 있습니다.

❸ 제목을 확인해요

글쓴이의 중심 생각이 제목에 나타나기도 해요. 그러므로 글을 읽을 때 제목을 확인하고 그 의미를 생각해 보는 게 좋아요.

 어떻게 묻나요?

이런 질문이 나와요!

• 이 글의 주제는 무엇인가요?

• 글쓴이가 이 글을 통해 말하고 싶어하는 것은 무엇인가요?

• 이 이야기를 통해 배울 수 있는 교훈은 무엇인가요?

 연습하기

짧은 글의 주제 찾기 1 다음 글을 읽고 글쓴이가 무엇을 말하려고 하는지 빈칸을 채워 보세요.

    혜진이는 치즈 케이크를 정말 좋아합니다. 엄마는 늘 맛있는 것이 있으면 욕심부리지 말고 동생과 나눠 먹으라고 말씀하지만, 혜진이는 치즈 케이크만큼은 절대로 양보할 수가 없어요.

    그런데 오늘 혜진이가 끙끙대며 배를 잡고 아파하고 있어요. 엄마가 사다 놓으신 치즈 케이크를 혼자서 먹다가 결국 체한 거예요.

    '치즈 케이크를 혼자 먹으려고 욕심부렸다가 배탈이 났구나!'

    혜진이는 엄마 말씀을 안 들은 것을 후회했어요.

● 지나친 ☐ ☐ 을 부리지 말자.

긴 글의 주제 찾기 2 다음 중 글쓴이가 말하고자 하는 주제는 무엇인가요?

    동물병원이나 애완동물 가게에서 꼬물꼬물 움직이는 강아지와 고양이들을 보면 진짜 귀엽지요? 하지만 부모님께 사달라고 무조건 조르면 안 돼요. 먼저 애완동물을 키울 준비가 되어 있어야 해요.

    동물들은 장난감이 아니에요. 때마다 먹을 것과 마실 물을 잘 챙겨 주고 목욕도 시켜 주고 같이 놀아 줘야 합니다. 털이 많이 빠지므로 청소도 매일 하고, 아프면 동물병원에도 데려가야 해요. 그리고 동물에게도 감정이 있어요. 귀엽다고 마구 만지거나 안으면 안 돼요. 내가 화가 난다고 동물을 괴롭혀서도 안 돼요.

    정말 내가 애완동물을 기를 준비가 되어 있는지 곰곰이 생각해 보고, 애완동물을 책임감 있게 돌볼 수 있을 때 부모님께 말씀 드려 보세요.

① 강아지나 고양이는 키우는 것은 귀찮은 일이다.
② 애완동물을 키우려면 먼저 준비가 되어 있어야 한다.
③ 강아지나 고양이 같은 동물들에게도 감정이 있다.
④ 강아지와 고양이들은 귀여워서 누구나 키우고 싶어한다.

내용 파악하기

독해를 잘하려면 글의 전체적인 내용뿐 아니라 세세한 정보도 정확히 알아야 합니다. 글과 함께 나오는 그림이나 표에도 중요한 정보가 담겨있으니 꼼꼼하게 살펴보세요.

어떻게
하나요?

 '내용 파악하기'는 이렇게 해요!

❶ '누가, 무엇을, 언제, 어디서, 어떻게, 왜'를 생각하며 읽어요

누가, 무엇을, 언제, 어디서, 어떻게, 왜 하는지 생각하며 글을 읽어 보세요. 시간의 흐름에 따라 사건이 어떻게 흘러가는지 살펴보는 것도 중요합니다.

❷ 글 속의 중요한 정보에 밑줄을 그어요

글을 읽을 때 중요한 내용에 밑줄을 긋거나 색을 칠하면 내용을 파악하는 데 도움이 됩니다.

❸ 글을 여러 번 반복해서 읽어요

글을 처음 읽을 때는 빠르게 읽으면서 글의 전체적인 내용을 파악해 보세요. 그런 다음 다시 읽을 때는 내용을 꼼꼼하게 읽어요. 이렇게 몇 번 반복해서 읽으면 중요한 정보를 잘 기억하게 되고 내용도 정확하게 이해하게 됩니다.

어떻게
묻나요?

 이런 질문이 나와요!

• 아내가 숲속에서 만난 동물은 무엇이었나요?

• 다음 중 글의 내용으로 바르지 않은 것은 무엇인가요?

• 글의 내용으로 바른 것에는 ○를, 바르지 않은 것에는 ×를 표시해 보세요.

연습하기

중요 정보
파악하기 **1** 다음 글을 읽고 주어진 활동을 해 보세요.

지난 일요일에 엄마와 함께 놀이동산으로 놀러 갔어요. 거기에는 기차, 배, 우주선 등 탈 것이 아주 많았어요. 나는 그동안 키 때문에 자전거만 탔었는데 처음으로 기차를 타니 정말 기분이 좋고 신났어요. 우주선도 타고 싶었는데 아직 키가 작아서 안 된다고 해서 아쉬웠어요. 비록 우주선은 못 탔지만 놀이동산에서 참 즐거웠어요. 다음에 또 놀이동산에 놀러 가고 싶어요.

(1) 글을 읽고 아래 표에 알맞은 내용을 써 보세요.

누가	언제	어디서	무엇을

(2) 글쓴이가 타지 못한 것은 무엇이었나요? 왜 타지 못했나요?

● 타지 못한 것 : _____　　● 못 탄 이유 : _____

틀린 정보
찾기 **2** 글의 내용으로 바른 것에는 ◯를, 바르지 않은 것에는 ✕를 표시해 보세요.

　　문어는 몸을 작게 오그려서 좁은 바위틈 사이도 지나다닐 수 있습니다. 다리에 많이 나 있는 동글동글한 빨판을 이용해서 바위에 착 달라붙거나 바위 위를 기어오를 수도 있지요.
　　문어의 특기는 바로 먹물 내뿜기입니다. 사나운 적을 만나면 시커먼 먹물을 내뿜어서 상대방이 앞을 못 볼 때 근처 바위틈 같은 곳으로 재빨리 몸을 숨깁니다.

(1) 문어는 먹물을 뿜어서 적으로부터 도망갈 수 있다. 　　　　　　(　　　)

(2) 문어는 몸이 커서 좁은 틈 사이로 다닐 수 없다. 　　　　　　　(　　　)

(3) 문어는 다리의 빨판 덕분에 어딘가에 붙어있을 수 있다. 　　　　(　　　)

비교하기

둘 이상의 것을 살펴서 비슷한 점과 다른 점을 알아보는 것을 비교하기라고 합니다. 이야기를 읽을 때 '같은 점'이나 '다른 점' 찾기를 하면서 읽으면 내용을 더 쉽게 이해할 수 있습니다.

어떻게 하나요?

✏️ '비교하기'는 이렇게 해요!

① 둘 이상의 것을 바라보는 기준을 찾아요

글과 표, 그림 등에서 둘 이상의 것을 어떤 기준으로 바라보면서 말하고 있는지 기준을 찾아보세요.

② 같은 점과 다른 점을 찾아보아요

둘 이상의 것을 어떤 기준으로 바라보면서 말하고 있는지 알게 되었다면 이제는 내용을 더 자세히 읽어 보세요. 같은 점을 말하고 있는지, 다른 점을 말하고 있는지 살펴보세요.

어떻게 물나요?

✏️ 이런 질문이 나와요!

• 주희와 성진이를 비교하여 스스로 한 일에는 '스스로'에, 부모님께서 해 주신 일에는 '부모님'에 ◯를 표시해 보세요.

• 파브르가 살았던 시대의 일반적인 곤충 연구 방법과 파브르의 곤충 연구 방법을 비교한 후 알맞은 것에 ◯를 표시하세요.

• 육식 공룡과 초식 공룡은 어떻게 다른가요?

연습하기

비교 기준 찾기 **1** 두 친구를 어떤 기준에서 비교했는지 〈보기〉에서 찾아 쓰세요.

· 화를 잘 안 낸다
· 잘 웃는다
· 말을 걸면 친절하게 대답한다
· 다른 친구 이야기를 귀담아듣는다

· 화를 잘 낸다
· 잘 웃지 않는다
· 말을 걸어도 대답을 잘 안 한다
· 다른 친구 이야기는 듣지 않고 자기 할 말만 한다

| 〈보기〉 | 외모 | 성격 | 가족 관계 | 꿈 | 몸무게 |

· _____ 을(를) 기준으로 두 친구의 다른 점을 보여줍니다.

비교 하기 **2** 흥부와 놀부의 성격을 비교해서 알맞은 말에 ○를 표시하세요.

　흥부와 놀부는 형제지만, 둘은 성격이 하늘과 땅만큼 다릅니다.

　형인 놀부는 욕심이 정말 많습니다. 자기가 다 가지려고만 해요. 부모님께서 남긴 재산도 결국 혼자서 다 차지하고 동생에게는 한 푼도 주지 않았어요. 또 주변 사람에게도 불친절하고 동물들도 괴롭힙니다.

　형과는 달리, 흥부는 별로 욕심이 없어요. 형이 부모님의 재산을 모두 가졌을 때도 '형에게는 식구가 많으니까.' 하면서 다 이해해 주었어요. 적게 가졌지만 자기가 가진 것에 감사할 줄 알고, 사람들에게 친절해서 칭찬을 받아요. 또 아픈 동물도 잘 보살펴 준답니다.

	흥부	놀부
(1)	욕심이 (별로 없다 / 많다).	욕심이 (별로 없다 / 많다).
(2)	사람들에게 (친절하다 / 불친절하다).	사람들에게 (친절하다 / 불친절하다).
(3)	동물을 (잘 보살핀다 / 괴롭힌다).	동물을 (잘 보살핀다 / 괴롭힌다).

분류하기/적용하기

글에 나온 정보를 비교해서 비슷한 점은 비슷한 점끼리, 다른 점은 다른 점끼리 모으는 것을 분류하기라고 합니다. 그리고 글을 읽으면서 이해한 내용과 정보를 바탕으로 다른 상황이 주어졌을 때 어떻게 할지 판단하는 독해 기술을 적용하기라고 합니다. 이때 중요한 것은 평소 내가 원하거나 옳다고 믿는 대로 생각하는 것이 아니라, 글에 나온 정보를 바탕으로 생각해야 한다는 점입니다.

어떻게
하나요?

 '분류하기'와 '적용하기'는 이렇게 해요!

❶ 글 속의 정보를 기준에 따라 잘 나누어 보아요

글을 읽을 때 기준을 세워서 정보를 나누어 보세요. 관련 있는 정보끼리 묶으면 내용을 이해하기 쉬워요.

❷ 글에 나온 정보를 바탕으로 적용해 보아요

글에서 얻은 정보나 교훈을 다른 상황에 맞춰 어떻게 쓸지 생각하면서 글을 읽으면 내용을 더 깊게 이해할 수 있어요.

어떻게
묻나요?

 이런 질문이 나와요!

• 아래 ㉠~㉣을 읽고 '충치가 생기는 습관'과 '충치를 예방하는 습관'으로 나누어 보세요. 〈분류하기〉

• 다음 글을 읽고 과일과 채소를 알맞게 나누어 보세요. 〈분류하기〉

• 이 글을 읽고 나서 여러분이 스스로 실천할 수 있는 일로 알맞은 것을 고른다면 다음 중 어느 것인가요? 〈적용하기〉

 연습하기

글의 정보 분류하기 **①** 다음 글을 읽고 과일과 채소를 알맞게 나누어 아래 표에 써 보세요.

　　나무에서 나는 열매로 사람이 먹을 수 있는 있는 것을 과일이라고 합니다. 깨물었을 때 과즙이 나오면서 향이 좋고 단맛이 나는 것들이 많죠. 사과, 배, 귤, 포도, 망고 등이 모두 과일입니다. 우리나라에서는 보통 과일을 식사가 끝난 다음 먹습니다.

　　그러면 채소는 무엇일까요? 채소란 사람이 먹기 위해 키우는 풀을 말합니다. 시금치, 오이, 배추, 깻잎, 호박 등이 바로 채소입니다. 보통 채소는 샐러드나 나물, 조림 등 반찬이나 요리로 먹습니다.

과일	채소

배운 내용 적용하기 **②** 다음 글을 읽고 질문에 답해 보세요.

　　여러분! 갑자기 배가 많이 아파서 병원에 가고 싶을 때 어디로 전화하면 좋을까요? 바로 119입니다. 많이 아프거나 다쳤을 때 119에 전화를 걸면 바로 구급대원이 달려와요. 불이 났을 때도 119로 전화하면 소방차와 구급차가 같이 와 줍니다.

　　길을 잃거나 나쁜 사람을 만났을 때는 어디로 전화하면 될까요? 그때는 112로 전화하세요. 112로 전화하면 경찰이 바로 와서 도와줘요.

　　112와 119를 외우고 있으면 정말 급할 때 바로 도움을 받을 수 있어요. 그렇지만 장난으로 전화해서는 결코 안 됩니다.

(1) 학교 끝나고 집에 왔는데 방과 거실이 마구 어질러져 있습니다.

　　도둑이 든 것 같아요! 몇 번으로 전화를 걸면 될까요?　　　　　(　　　　　)

(2) 부모님께서 안 계시는데 동생이 갑자기 토하면서 많이 아파해요!

　　병원에 데려가고 싶은데, 몇 번으로 전화하면 될까요?　　　　　(　　　　　)

원인과 결과 찾기

벌어진 일은 '결과'라고 합니다. 그런데 어떤 일이 일어날 때는 그 일이 일어난 까닭이 있습니다. 이것을 '원인'이라고 합니다. 원인과 결과를 연결하여 읽으면 글의 내용을 정확하게 이해할 수 있습니다.

어떻게
하나요?

 '원인과 결과 찾기'는 이렇게 해요!

❶ 일이 일어난 까닭을 찾아보아요

글 속에서 어떤 일이 일어났을 때 그 일이 생기게 된 까닭이 무엇인지 생각하며 읽어 보세요.

❷ 문장을 이어 주는 말을 잘 살피면서 읽어요

'왜냐하면'으로 시작하는 문장은 이유나 까닭을 표현하는 문장입니다. '그래서'로 시작하는 문장은 앞에 나온 내용의 결과를 나타낼 때가 많습니다. 이렇게 문장과 문장을 이어 주는 말을 잘 살펴보면 원인과 결과를 파악하기 쉬워져요.

어떻게
묻나요?

 이런 질문이 나와요!

• 성진이는 왜 감기에 걸렸나요?

• 베토벤이 좌절했던 까닭은 무엇인가요?

• 나무 위로 올라간 친구가 다른 친구를 도와주지 않은 이유는 무엇인가요?

• 수학 시간에 종민이는 왜 시무룩해졌나요?

연습하기

원인 파악하기 1 (가), (나) 중에서 오른쪽 '결과'를 일어나게 한 '원인'은 무엇일까요?

(1)

원인

> (가) 추운 겨울날, 외투도 입지 않고 밖에서 눈싸움을 오래 했다.
> (나) 따뜻한 방에서 편안하게 누워 텔레비전을 보았다.

결과

(2)

원인

> (가) 미술 시간에 짝이 물통을 넘어뜨려서 내 옷이 다 젖었습니다.
> (나) 쉬는 시간에 계단을 뛰어 내려가다가 친구와 부딪쳐서 넘어졌습니다.

결과

원인과 결과 알기 2 다음 글을 읽고 아래의 '원인과 결과' 표를 채워 보세요.

옛날 어느 마을에 부지런하고 정직한 농부가 있었습니다. 그 농부는 매일매일 열심히 농사를 지어 거둔 곡식을 팔아 돈을 모았습니다. 시간이 많이 흘러 농부는 옆집 부자에게 조그만 밭을 샀습니다. 작은 돌밭이었지만 농부는 정말 기뻤습니다. 왜냐하면 태어나서 처음으로 산 밭이었거든요.

어느 날 밭에서 열심히 땅을 파던 농부는 빈 항아리를 발견했어요. 땅에 왜 항아리가 묻혀 있는지 이상했지만, 물건 담는 항아리로 쓰려고 집으로 가져왔습니다.

	원인	결과
(1)	농사를 지어 거둔 (　　　　)을 팔아 (　　　　)을 모았기 때문에	(　　　　)을 살 수 있었다.
(2)	태어나서 처음으로 산 (　　　　)이어서	농부는 무척 기뻤다.

주장과 근거 나누기

자기가 내세우는 뚜렷한 생각을 주장이라고 말합니다. 근거란 주장을 내세우는 이유 또는 까닭입니다. 글쓴이의 주장이 무엇이며 주장을 뒷받침하는 근거가 무엇인지 찾으면서 글을 읽으면 내용을 더 쉽게 이해할 수 있습니다.

어떻게 하나요?

✏️ '주장과 근거 나누기'는 이렇게 해요!

❶ 글쓴이의 주장을 담은 내용을 찾아요

글 속에서 글쓴이가 가장 내세우고 싶어하는 내용을 담은 문장을 찾아보아요. 글쓴이의 주장은 '나는 ~ 생각한다', '우리 모두 ~해야만 합니다' 또는 '~ 해야겠다' 등으로 나타낼 때가 많아요.

❷ 주장을 뒷받침하는 근거를 찾아요

보통 글쓴이가 주장하는 문장 앞뒤로 주장을 뒷받침하는 근거가 나와요. 특히 '~이기 때문입니다'와 같은 표현이 담긴 문장에 근거가 나타날 때가 많습니다. 그러나 이 표현을 빼고 말하기도 해요. 근거를 여러 개 말할 때는 '첫째', '둘째', '우선', '다음은' 등의 표현을 자주 씁니다.

어떻게 묻나요?

✏️ 이런 질문이 나와요!

• 이 글에서 글쓴이가 주장하는 것은 무엇인가요?

• (가)~(라) 중 글쓴이의 주장을 뒷받침하는 근거가 나온 단락은 어느 것인가요?

• 글쓴이의 주장에 관한 근거를 찾아 표에 정리해 보세요.

연습하기

주장과 근거나누기 1 다음 중 주장을 담은 문장에는 '주장', 근거를 담은 문장에는 '근거'라고 쓰세요.

(1) 평소에 손을 자주, 깨끗하게 씻어야 합니다. ( )

　손에는 여러 가지 병균이 묻기 쉽기 때문입니다. ( )

(2) 식사를 한 다음 이를 깨끗하게 닦아야 합니다. ( )

　충치가 생기는 것을 막을 수 있기 때문입니다. ( )

(3) 산과 바다가 더러워지면 동물들이 살 곳이 없어지기 때문입니다. ( )

　산과 바다에 쓰레기를 함부로 버리지 말아야 합니다. ( )

주장과 근거 찾기 2 다음 글을 읽고 주어진 활동을 해 보세요.

　엄마, 오늘은 부탁이 있어서 편지를 써요.

　제 용돈을 좀 올려 주세요. 학교 수업이 끝나면 너무 배가 고파서 친구들과 빵이나 과자를 사 먹는데, 요즘 빵이나 과자가 너무 비싸서 몇 번 못 사 먹어요. 또 빵을 먹으면 목이 마르니까 음료수도 마시고 싶은데 그러기엔 돈이 부족해요. 그리고 배가 고프면 어지럽고 기운이 없어서 공부에 집중도 잘 안 돼요. 그러니까 엄마, 제발 제 용돈 좀 올려 주세요.

엄마를 사랑하는 아들 올림

(1) 글쓴이가 주장하는 내용에 밑줄을 그어 보세요.

(2) 글에서 글쓴이가 주장에 대한 근거로 말한 것을 모두 고르세요.

　① 빵과 과잣값이 비싸서 지금 용돈으로는 부족하다.

　② 친구들과 함께 군것질하지 않으면 친해질 수 없다.

　③ 군것질하지 않으면 기운이 없어서 공부에 집중을 못 한다.

　④ 같이 다니는 친구들은 글쓴이보다 용돈을 더 많이 받는다.

추론하기

글에 직접 나오지 않지만 주어진 정보를 바탕으로 어떤 일이 일어난 이유가 무엇인지, 앞으로 어떤 사건이 벌어질지, 또는 이야기 속 등장인물의 성격은 어떠한지 등을 미루어 짐작하는 활동을 추론하기라고 합니다. 추론하기는 글 속에 숨어있는 내용까지 더 깊게 이해할 수 있도록 돕는 중요한 기술입니다.

어떻게
하나요?

✏️ '추론하기'는 이렇게 해요!

❶ 글에 나온 정보로만 추론해요

터무니없는 내용을 상상하는 것이 아니라, 글에 나온 정보를 바탕으로 생각해야 해요. 짐작하는 근거가 글에 나온 정보에서 벗어나지 않아야 합니다.

❷ 앞뒤 내용이 어떻게 연결될지 생각하며 읽어요

앞으로 벌어질 일을 예상할 때는 앞의 내용과 연결 지을 수 있는 고리가 있어야 해요. 예상한 내용이 글의 흐름과 자연스럽게 이어지는지 생각하며 글을 읽어 보세요.

❸ 등장인물의 말과 행동을 주의 깊게 읽어요

이야기를 읽을 때 등장인물의 말과 행동을 살펴보면 등장인물의 성격을 알 수 있어요. 인물의 성격을 알면 그 인물이 왜 그러한 행동을 했는지, 이야기가 앞으로 어떻게 이어질지 등을 훨씬 쉽게 짐작할 수 있습니다.

어떻게
묻나요?

✏️ 이런 질문이 나와요!

• 다음 중 앞으로 일어날 것 같은 일을 고르세요.

• 밑줄 친 농부의 말을 통해 알 수 있는 농부의 성격은 어떤가요?

• 여우가 평소에 친구가 없었던 까닭은 무엇이라고 짐작할 수 있나요?

성격과
벌어질 일
추론하기
① **다음 글을 읽고 질문에 답해 보세요.**

공부할 때 어깨까지 내려오는 머리카락이 신경 쓰여서 저는 학교에서 항상 머리를 묶어요. 그런데 오늘은 아침에 서둘러 나오다가 머리끈을 안 가지고 학교에 왔어요. 자꾸 머리를 만지는 저를 보고 짝꿍 미진이가 물었어요.

"수빈아, 무슨 일 있어?"

"아, 깜박 잊고 머리끈을 안 가져왔어. 난 머리를 안 묶으면 신경 쓰여서 공부에 집중이 잘 안 되는데……."

"어쩌지? 나도 지금 묶고 있는 것밖에 없는데……."

미진이는 잠깐 생각하다가 갑자기 손뼉을 '탁' 쳤습니다.

"맞다, 효림이에게 물어보면 어때? 효림이는 예쁜 머리핀이랑 머리끈을 많이 갖고 다녀. 전에 나랑 지수도 효림이한테 머리끈을 빌린 적 있어."

"그래? 그런데 난 효림이랑 안 친한데 빌릴 수 있을까?"

"괜찮아. 나랑 지수도 별로 안 친했는데 부탁했더니 선뜻 빌려주더라고. 그러면서 우리도 효림이랑 친해졌어. 다른 애들이 부탁해도 늘 웃으면서 잘 빌려주더라. 일단 효림이한테 물어보자."

(1) 수빈이에게는 지금 무엇이 필요한가요?　　　　(　　　　　　)

(2) 미진이의 말을 통해 짐작할 수 있는 효림이의 성격은 어떤가요?

　　① 덜렁거리고 깜박 잘 잊는다.　　　② 수줍음이 많다.

　　③ 결정을 잘 못 내린다.　　　　　④ 다른 사람에게 친절하다.

(4) 다음 중 수빈이가 앞으로 할 것 같은 행동은 무엇인가요?

　　① 머리끈을 찾으러 가방을 더 뒤진다.

　　② 미진이 머리끈을 뺏어서 자기가 쓴다.

　　③ 그냥 머리를 묶지 않은 채로 공부한다.

　　④ 머리끈이 있는지 효림이에게 물어본다.

[1–3] 다음 글을 읽고 문제를 풀어 보세요.

우리나라에는 봄, 여름, 가을, 겨울 사계절이 있어요. 계절마다 서로 다른 특징이 있지요.

겨울이 지나 봄이 오면 날씨가 서서히 따뜻해지면서 땅에는 새싹이 파릇파릇 돋아납니다. 봄은 푸른 새싹, 노란 꽃, 긴 잠에서 깨어난 개구리들과 함께 옵니다.

여름에는 햇살이 쨍쨍 내리쬐면서 푸른 잎이 더욱 크고 빽빽하게 자랍니다. 날씨가 찌는 듯이 더워서 선풍기와 에어컨을 틀게 되고, 바다와 수영장으로 놀러 가기도 합니다. 여름에는 낮이 길어져서 저녁이 되어도 밖이 환합니다. 비가 자주, 많이 내리기도 하지요.

가을은 울긋불긋 단풍이 산을 뒤덮는 계절이에요. 단풍을 보러 많은 사람이 산으로 소풍을 갑니다. 점점 날씨가 쌀쌀해지면 나무에서 떨어진 낙엽이 길 위에 수북하게 쌓이죠. 낮의 길이도 점점 짧아집니다.

겨울은 매우 추운 계절입니다. 가을보다 훨씬 추워져서 눈이나 비가 오면 얼음이 얼어 빙판길이 되기도 합니다. 낮의 길이도 가을보다 짧아져서 밤이 길어지죠. 눈이 내리면 친구들과 눈싸움을 하고 눈사람도 만들면서 신나게 놀 수 있는 계절이기도 합니다.

각기 다른 특징이 있는 우리나라의 사계절이 참 아름답습니다.

• **돋아납니다** 싹과 같은 것이 밖으로 나옵니다 ㉺ 돋아나다

이 글은 무엇을 설명하고 있나요?

우리나라의 [ ][ ][ ]

계절과 어울리는 특징을 선으로 이어 보세요.

(1) 봄 •　　　　　• (ㄱ) 비가 많이 내리고 무척 덥다.

(2) 여름 •　　　　　• (ㄴ) 매우 춥고 하얀 눈도 내린다.

(3) 가을 •　　　　　• (ㄷ) 개구리들이 긴 잠에서 깨어난다.

(4) 겨울 •　　　　　• (ㄹ) 길 위에 낙엽이 수북하게 쌓인다.

우리나라의 가을과 겨울 날씨를 비교한 내용을 찾아 빈칸을 채우세요.

- 겨울이 되면 가을보다 더 (　　　　　)져서
  눈이 오면 얼음이 얼어 빙판길이 되기도 한다.
- 겨울에는 가을보다 낮의 길이가 (　　　　　)져서
  밤이 (　　　　　).

애완견이란 가족처럼 여기며 집에서 기르는 개를 말합니다. 집에서 기른다고 해도, 개의 건강을 위해서는 매일매일 산책을 시켜 주는 것이 좋습니다. 그런데 애완견을 밖에 데리고 나갈 때는 주인이 지켜야 할 예절이 있습니다.

첫째, 주인이 항상 자기 애완견을 지켜보아야 합니다. 개는 놀라거나 흥분하면 사람들을 물거나 공격할 수 있기 때문입니다. 따라서 모르는 사람이 개가 귀엽다고 만지려고 하면 "우리 강아지가 놀라서 물 수도 있으니 만지지 않는 게 좋겠어요."라고 거절하는 것이 좋습니다.

둘째, 애완견의 배설물을 치울 수 있게 비닐봉지 등을 준비하고 나가야 합니다. 가끔 길이나 공원에 애완견의 배설물이 버려져 있기도 한데 여러 사람이 사용하는 공간이니 바로바로 치우고 깨끗하게 관리하려고 노력해야 합니다.

셋째, 바깥으로 애완견을 데리고 나갈 때는 주인의 연락처를 적은 목걸이를 꼭 채워야 합니다. ㉠이렇게 하면 혹시라도 애완견을 잃어버렸을 때 바로 연락이 닿아서 쉽게 찾을 수 있습니다.

· 배설물 동물이 몸 밖으로 내보낸 똥이나 오줌
· 관리 장소나 시설을 잘 유지하고 좋게 만들려는 일

 4 애완견의 뜻을 글에서 찾아 쓰세요.

애완견:

_____

 5 글의 밑줄 친 ㉠이렇게 하면은 어떻게 하는 것인지 써 보세요.

_____

6 사람들이 내 강아지를 못 만지게 거절해야 하는 이유는 무엇인가요?

① 개의 배설물이 손에 묻을 수도 있기 때문에

② 개가 놀라서 사람들을 물 수도 있기 때문에

③ 개 목걸이에서 주인의 연락처를 볼 수도 있기 때문에

④ 개가 다른 사람을 따라가서 잃어버릴 수도 있기 때문에

 7 글쓴이의 주장과 주장에 관한 근거를 정리해 보세요.

> **주제: 애완견을 밖에 데리고 나갈 때 주인이 지켜야 할 예절이 있다.**

> ▶**주장 1**: 주인이 항상 개를 지켜보자.
>
>   **근거**: 개가 놀라거나 흥분하면 사람을 (1)(   )할 수 있다.
>
> ▶**주장 2**: 개의 (2)(   )을 바로 치울 수 있게 준비하자.
>
>   **근거**: 여러 사람이 함께 쓰는 공간이므로 깨끗하게 관리해야 한다.
>
> ▶**주장 3**: 주인 (3)(   )가 적힌 (4)(   )를 채우자.
>
>   **근거**: 개를 (5)(   ) 때 쉽게 찾을 수 있다.

학교 규칙 지키기

학교라는 장소는 나 혼자 쓰지 않고 수많은 학생이 함께 이용하지요. 그래서 학교에는 다른 사람에게 불편을 끼치지 않기 위해 지켜야 할 규칙이 있습니다.

우선 교실에서 지켜야 할 규칙에는 어떤 것이 있을까요? 교실은 공부하는 곳이므로, 수업 시간에 다른 사람에게 방해가 되지 않게 조심해야 합니다. 또 친구들끼리 서로 친절하게 말하고 사이좋게 지내려고 노력하는 것이 중요합니다.

교실이 아닌 다른 장소에서도 지켜야 할 규칙이 많습니다. 급식실에서 음식을 받을 때 배가 고프다고 함부로 끼어들면 안 됩니다. 줄을 서서 차례대로 급식을 받은 다음 친구들과 맛있게 먹습니다. 운동장이나 체육관에서 운동하거나 여러 체육기구를 이용할 때도 다른 친구가 다치지 않도록 조심해야 합니다. 보건실과 교무실, 음악실에서도 예의를 지켜서 행동하며, 특히 과학실에서는 위험할 수 있으니 실험도구를 사용할 때 주의해야 합니다.

복도나 계단을 이용할 때도 규칙이 있습니다. 앞을 제대로 보지 않고 뛰다가 앞사람이나 마주 보고 오는 친구와 부딪힐 수도 있으므로, 복도나 계단에서는 뛰지 않도록 조심해야 합니다. 또한, 앞사람과 좀 떨어져서 걷고, 복도를 다니거나 계단을 오르내릴 때는 오른쪽으로 걷습니다.

• 예의 사람들을 대할 때 존경의 뜻을 표현하는 말투나 행동

글감 파악하기 **8** 이 글은 무엇을 설명하는 글인가요?

① 교실   ② 학교 복도   ③ 학교 규칙   ④ 보건실

주제 이해하기 **9** 이 글에서 가장 중요하게 말하는 내용은 무엇인가요?

① 학교 복도에서는 뛰지 말아야 합니다.

② 교실에서는 다른 사람을 방해하지 않아야 합니다.

③ 급식실에서는 차례를 지켜 밥을 받아서 먹습니다.

④ 학교에서는 여러 가지 규칙을 지켜야 합니다.

원인과 결과 찾기 **10** 학교에는 왜 규칙이 있을까요? 그 이유를 찾아 쓰세요.

여러 학생이 _____ 곳이어서

다른 사람에게 _____ 않기 위해

적용 하기 **11** 글의 내용을 바탕으로 아래와 같은 장소에서 어떻게 행동해야 하는지 알맞게 선으로 이어 보세요.

(1) 도서관   •   • (ㄱ) 버스 탈 때 줄 서기

(2) 놀이터   •   • (ㄴ) 조용히 책 읽기

(3) 버스 정류장   •   • (ㄷ) 오른쪽으로 걷기

(4) 지하철역 계단 •   • (ㄹ) 놀이기구 조심히 이용하기

무엇을 읽을까

1과 적응과 활동

초등학교에서는 어떠한 것을 배울까요? 학교 안의 여러 장소에 관해서 알아보고, 즐거운 학교생활을 위해 노력해야 할 점도 생각해 봅시다.

목표

다음 독해 기술을 이용해 봅시다.

○ 낱말 이해하기

○ 가리키는 말 알기

☑ **글감 파악하기**

☑ **주제 이해하기**

☑ **내용 파악하기**

☑ **비교하기**

☑ **분류하기/적용하기**

☑ **원인과 결과 찾기**

○ 주장과 근거 나누기

☑ **추론하기**

교과서 연계
- 입학 초기 적응 활동
- [1학년 1학기] 국어 5단원 '다정하게 인사해요'
- [1학년 1학기] 국어 9단원 '그림일기를 써요'
- [1학년 1학기] 봄(통합) 1단원 '학교에 가면'
- [2학년 1학기] 국어 9단원 '생각을 생생하게 나타내요'
- [2학년 2학기] 수학 4단원 '시각과 시간'

44

다음은 초등학교 생활과 관련 있는 그림입니다. 그림을 보며 알맞은
단어를 아래의 〈보기〉에서 찾아 쓰세요.

1

2

3

4

5

6

〈보기〉

책가방	사물함	시간표
입학식	교과서	운동장

나는
사다리 맨~!

01

● 학교에 갈 때 스스로 준비하나요?

주희는 이제 초등학교 1학년이 되었습니다. 처음으로 초등학교에 등교하는 날, 어머니는 책가방을 꼼꼼하게 챙겨 주시고 주희 대신 가방도 들어 주셨습니다. 교실까지 데려다주신 어머니는 걱정스러운 얼굴로 복도에서 주희를 지켜 보셨습니다. 조금 후 어머니는 다시 교실로 들어오셔서 주희의 책가방을 열고 책을 꺼내어 책상 서랍 속에 정리까지 하고 돌아가셨습니다.

얼마 지나지 않아 주희의 짝꿍인 성진이가 등교하였습니다. 성진이는 학교 가는 길을 익히는 동안만 어머니가 데려다주시기로 약속하였습니다. 아침 일찍 일어나 책가방도 스스로 챙겨 메고 씩씩하게 앞장서서 걸었습니다. 교문 앞에서 어머니께 "잘 다녀오겠습니다."라고 인사를 한 후 친구들과 함께 교실로 들어왔습니다. 짝꿍인 주희에게도 반갑게 인사를 하고 나서 가방에서 책을 꺼내어 서랍에 정리하였습니다.

성진이의 모습을 지켜보던 주희는 오늘 아침 자신의 모습을 떠올리자 부끄러운 마음이 들었습니다. 여러분은 이제 초등학생이 되었으니 스스로 해야 할 일들이 많아졌다고 하신 선생님 말씀이 생각났습니다. 주희는 내일부터 초등학생답게 자기 일을 스스로 하는 사람이 되어야겠다고 생각했습니다.

단어 뜻 보기

등교 학생이 학교에 가는 것

1 이 이야기는 언제 일어난 일인가요?

① 등교할 때 　　　　　　　　② 집에 돌아갈 때

③ 수업시간 때 　　　　　　　④ 쉬는 시간 때

 2 주희와 성진이를 비교해서 스스로 한 일에는 '스스로'에, 어머니가 해 주신 일에는 '어머니'에 ○를 표시해 보세요.

한 일	주희	성진
(1) 책가방 챙기기	스스로 / 어머니	스스로 / 어머니
(2) 책가방 메고 학교 오기	스스로 / 어머니	스스로 / 어머니
(3) 책상 서랍에 책 정리하기	스스로 / 어머니	스스로 / 어머니

3 주희는 어떤 사람이 되어야겠다고 생각했나요?

① 인사를 잘하는 사람

② 엄마에게 부탁하는 사람

③ 자기 일을 스스로 하는 사람

④ 친구들에게 칭찬을 잘해 주는 사람

4 초등학생이 되어서 스스로 할 일로 알맞지 않은 것은 어느 것인가요?

① 혼자서 등교하기

② 책상 서랍에 교과서 잘 정리하기

③ 학교 가는 날 아침 일찍 일어나기

④ 돈을 벌어서 부모님께 용돈 드리기

02

● 우리 학교에는 어떤 장소가 있을까요?

민찬이는 오늘 수업 시간에 학교 둘러보기를 해요. 선생님께서는 학교에 있는 여러 장소와 각각의 쓰임을 잘 기억해 두면 학교생활에 잘 적응할 수 있다고 하셨어요.

그럼 지금부터 민찬이의 학교 둘러보기 활동에 따라가 볼까요?

단어 뜻 보기

적응 환경에 맞추어 변함

1 이 글은 주로 무엇을 설명하고 있나요?

학교 | | | | 활동

 2 장소와 그 쓰임을 알맞게 선으로 이어 보세요.

(1) 보건실 •   • (ㄱ) 맛있는 점심을 먹는 곳

(2) 교실   •   • (ㄴ) 아프거나 다쳤을 때 치료받는 곳

(3) 급식실 •   • (ㄷ) 실험이나 관찰 활동을 하는 곳

(4) 과학실 •   • (ㄹ) 반 친구들과 수업을 듣고 함께
                            생활하는 곳

내용
파악 **3** 다음 중 학생들이 공부할 때 이용하는 장소가 <u>아닌</u> 곳은 어디인가요?

① 교실   ② 과학실

③ 음악실   ④ 교무실

주제
이해 **4** 글쓴이는 무엇을 말하고 싶어하나요? 빈칸을 채워 보세요.

학교에 있는 여러 형태의 장소와 각각의 쓰임을 기억해 두면

학교생활에 더 빠르게 | | 할 수 있습니다.

03

● 평소에 인사를 잘 하나요?

　지민이는 학교에서 인사에 관해 배웠습니다. 그래서 오늘부터 인사를 잘 하기로 마음먹었습니다.

　아침에 일어나자마자 지민이가 "안녕히 주무셨어요?"라고 인사하자 ㉠엄마, 아빠의 눈이 동그래졌습니다. 아침 식사 후에는 "맛있게 잘 먹었습니다."라고 인사하고 자기가 먹은 그릇도 설거지통에 넣었습니다. 갑자기 인사 대장이 된 지민이를 보시면서 ㉡엄마는 고개를 갸우뚱거렸습니다. "학교 다녀오겠습니다." 큰 소리로 인사하고 집을 나서는 지민이의 발걸음이 가벼웠습니다.

　학교 오는 길에 횡단보도에서 봉사하시는 녹색교통대 어머니께 "감사합니다."하고 인사했더니 웃으며 머리를 쓰다듬어 주셨습니다. 교실로 들어와서는 선생님께 "안녕하세요?"라고 큰 소리로 인사하니 "지민이도 안녕!" 하시며 반갑게 인사해 주셨습니다. 짝꿍인 수진이에게도 먼저 웃으며 인사하자 "안녕! 너 오늘 입은 옷 참 예쁘다."라며 기분 좋은 칭찬까지 해 주었습니다.

　오늘 하루를 보내면서 지민이는 밝은 얼굴로 예의 바르게 먼저 인사를 하면 상대방도 기분 좋게 나에게 인사해 준다는 사실을 깨닫게 되었습니다. 지민이는 앞으로 더욱 더 인사를 잘하는 사람이 되어야겠다고 다짐했습니다.

선생님, 안녕하세요!

안녕~

단어 뜻 보기

갸우뚱거렸습니다 자꾸 이쪽저쪽으로 기울이며 흔들었습니다
⑩ 갸우뚱거리다

1 이 글은 주로 무엇에 관해 이야기하고 있나요?

하기

2 엄마, 아빠가 밑줄 친 ㉠과 ㉡처럼 행동하신 까닭은 무엇일까요?

① 지민이가 아침에 식사를 안 해서

② 지민이가 녹색교통대 어머니께 혼나서

③ 지민이가 스스로 아침에 일찍 일어나서

④ 지민이가 평소와 달리 인사를 잘하는 모습에 놀라서

3 각각의 상황과 그에 어울리는 인사말을 선으로 이어 보세요.

(1) 아침에 일어나서 할머니께 •   • (ㄱ) "맛있게 잘 먹었습니다."

(2) 저녁 식사 후에 부모님께 •   • (ㄴ) "안녕!"

(3) 길에서 친구를 만났을 때 •   • (ㄷ) "안녕히 주무셨어요?"

4 다음 중 오늘 하루 지민이가 깨달은 것은 무엇인가요?

① 친구에게는 먼저 인사할 필요가 없다.

② 어떤 상황이든 똑같은 인사말을 해야 한다.

③ 예의 바르게 먼저 인사하는 것이 중요하다.

④ 어른과 친구에게 사용하는 인사말은 같다.

04

● 그림일기를 써 본 적 있나요?

그림일기는 글을 쓸 때 그림도 함께 그리는 일기를 말합니다. 그림일기를 쓰기 위해서는 먼저 하루 동안 있었던 일들을 떠올리면서 일기에 담고 싶은 내용을 정해야 합니다.

먼저 표현하고 싶은 내용을 자유롭게 그림으로 그려 보세요. 그런 다음 그림의 상황을 설명하는 글을 짧게 씁니다. 자기 생각을 자세하게 글로 표현하지 못해도 걱정할 필요가 없습니다. 여러분의 그림이 글보다 더 많은 이야기를 들려줄 수도 있으니까요!

가족에게 벌어진 일이나 학교에서 있었던 일, 재미있게 본 책이나 만화영화에 관해 써도 돼요.

일기의 내용을 가장 잘 나타낼 수 있는 제목을 붙여 주세요.

특별한 내용을 써야 한다고 생각하면 그림일기 쓰기가 어렵게 느껴지지요. 생활 속에서 겪은 모든 이야기를 일기에 쓸 수 있어요!

날짜: 2018년 4월 11일 (수)　　　　날씨: 맑음

제목: 신나는 놀이터

학교가 끝나고 혜준이와 함께 우리 동네 놀이터에 갔다.
미끄럼틀도 타고 그네도 타면서 신나게 놀았다. 혜준이가
그네를 밀어주어서 더 재미있었다. 맨날 학원에 가야 해서
잘 놀지도 못했는데 오늘은 정말 최고의 날이다. 내가 제일
좋아하는 혜준이랑 다음에도 놀이터에서 또 놀고 싶다.

1 그림일기 쓰는 것을 어렵다고 생각하는 이유는 무엇 때문인가요?

① 알맞은 일기 제목을 짓는 것이 어렵기 때문에

② 학교에서 있었던 일을 부모님께서 알게 되기 때문에

③ 가족에게 벌어진 일을 선생님께서 알게 되기 때문에

④ 특별한 일을 써야 한다고 생각하기 때문에

2 그림일기에 그리는 그림에 관한 설명으로 바른 것에는 ○를, 잘못된 것에는 ×를 표시해 보세요.

(1) 표현하고 싶은 내용은 그림으로 그리지 않는다. ( )

(2) 그림 상황을 설명하는 글도 함께 쓴다. ( )

(3) 그림이 글보다 더 많은 이야기를 들려줄 수도 있다. ( )

3 주어진 그림일기의 내용과 <u>다른</u> 것은 어느 것인가요?

① 혜준이와 함께 놀이터에 갔다.

② 혜준이랑 미끄럼틀도 타고 그네도 탔다.

③ 혜준이가 그네를 밀어주어서 재미있었다.

④ 다음에는 다른 친구랑 놀이터에서 놀고 싶다.

일기는 매일 쓰자!

05

● 이가 썩지 않으려면 어떻게 해야 할까요?

충치가 생겨서 이가 시리고 아팠던 적이 있나요?

충치가 생기면 찬 음식을 먹을 때 이가 시리기도 하고, 평소에 입에서 냄새가 나기도 합니다. 또 음식물을 씹을 때 아프게 느껴지고, 심할 경우에는 아무것도 씹지 않아도 아픕니다.

충치를 예방하기 위해서는 평소에 초콜릿이나 아이스 크림처럼 단 음식은 조금만 먹고, 치아를 약하게 만들 수 있는 콜라 같은 탄산음료도 되도록 먹지 않는 것이 좋습니다.

밥을 먹은 후나 자기 전에 양치질하지 않으면 충치가 쉽게 생길 수 있습니다. 그러므로 하루 세 번, 식사 후 3분이 지나기 전에, 3분 동안 양치질을 하는 습관을 길러야 합니다. 칫솔질할 때는 위에서 아래로 돌리면서 닦고, 치아뿐 아니라 혀와 뺨 안쪽도 부드럽게 닦아 줍니다.

또한 정기적으로 치과를 찾아 치아 상태를 검진받고, 충치가 생기면 바로 치료를 받아야 합니다.

단어 뜻 보기

충치 이가 썩는 것
시리고 차가운 것이 닿아 얼얼하고 춥고 ⑧ 시리다
예방 병에 걸리기 전에 미리 대처하여 막는 일
치아 사람의 이
검진 병이 있는지를 알기 위하여 건강 상태를 살피는 일

글감파악 1 이 글은 주로 무엇에 관해 설명하고 있는지 쓰세요.

예방법

2 다음 중 충치가 생겼을 때 나타나는 증상이 <u>아닌</u> 것은 무엇인가요?

① 음식물을 먹을 때 아프다.

② 입에서 냄새가 나기도 한다.

③ 찬 음식을 먹을 때 이가 시리다.

④ 아무것도 씹지 않으면 아프지 않다.

3 아래 ㉠~㉣을 '충치가 생기는 습관'과 '충치를 예방하는 습관'으로 나누어 표에 기호로 쓰세요.

㉠ 잠자리에 들기 전에 양치질하지 않는다.

㉡ 정기적으로 치과에서 치아 검진을 받는다.

㉢ 하루 세 번, 식사 후 3분이 지나기 전에 이를 닦는다.

㉣ 평소에 초콜릿과 아이스크림을 자주 먹는다.

충치가 생기는 습관	충치를 예방하는 습관

이를 잘 닦지 않으면 선생님을 자주 만나게 될 거예요!

06

● 어떤 사람이 정말 멋진 사람일까요?

또래 친구들보다 덩치가 큰 규민이는 행동도 거칠어서 학기 초부터 아이들 사이에서 싸움 대장이라고 소문이 났다. 자기 뜻대로 되지 않으면 친구를 밀거나 주먹부터 휘둘러서 규민이에게 힘으로 밀린 아이들은 울음을 터뜨리곤 했다.

"야, 너 지금 나 밀었냐?"

"내가 언제 밀었다고 그래?"

쉬는 시간이 되자 복도가 소란스러워졌다. 이번에도 규민이가 소리치며 거칠게 밀자 지호가 '으앙' 하고 울음을 터뜨렸다. 규민이는 자기가 이겼다는 듯이 기세등등한 얼굴로 돌아섰다.

그 모습을 지켜보던 예진이가 조용히 규민이에게 다가갔다.

"규민아, 넌 어떤 사람이 정말 멋있는 사람 같아?"

평소 친절하고 똑똑한 예진이의 갑작스러운 질문에 규민이는 어리둥절해서 대답했다.

"그야 당연히 힘이 센 사람이겠지."

예진이는 한 걸음 더 다가서서 조용히 말했다.

"난 힘이 세다고 친구들을 함부로 대하는 사람은 멋지다고 생각하지 않아. 자기가 가지고 있는 힘으로 다른 사람을 도울 줄 아는 사람이 정말 멋진 사람이라고 생각해."

규민이는 자기 힘으로 남을 돕는다는 예진이의 말이 잘 이해되지는 않았지만, 지금까지 자기가 했던 행동이 별로 좋지 않았다는 것은 알 수 있었다. 온종일 규민이의 머릿속에는 예진이가 했던 말이 계속 맴돌았다.

단어 뜻 보기

소란스러워졌다 시끄럽고 어수선해졌다 ⑧ 소란스럽다

기세등등한 태도나 기운이 매우 힘찬

어리둥절해서 무슨 일인지 잘 몰라 얼떨떨해서

맴돌았다 어떤 대상의 주변을 원을 그리면서 빙빙 돌았다 ⑧ 맴돌다

1 아이들 사이에서 규민이는 왜 싸움 대장이라고 소문이 났나요?

가 크고

도 거칠어서

2 지금까지 규민이는 자신의 행동 때문에 친구들이 울면 어떻게 행동했을까요?

① 친구를 따라 같이 울었을 것이다.

② 친구가 울어서 어리둥절했을 것이다.

③ 우는 친구에게 다가가서 다독였을 것이다.

④ 자기가 힘이 세다고 느끼며 기세등등했을 것이다.

3 규민이와 예진이가 생각하는 멋진 사람은 어떤 사람인지 글에서 찾아 쓰세요.

(1) 규민이가 생각하는 멋진 사람

_____

_____

(2) 예진이가 생각하는 멋진 사람

_____

_____

● 시계 보는 방법을 몰라서 불편했던 적이 있나요?

2교시가 시작되는 종이 울리자 화장실에 다녀오는 아이들이 교실로 뛰어들어왔습니다. 교실에 있던 아이들도 허둥지둥 자리로 돌아갔습니다. 교실에 벽시계가 걸려 있지만 시계를 볼 줄 아는 아이들이 별로 없어서 이런 일이 반복되곤 합니다.

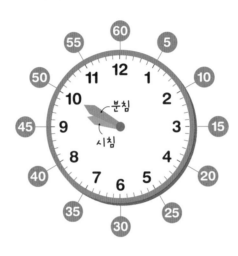

"수업 시간에 늦지 않도록 시계 보는 법을 알아볼까요?"

선생님께서는 교실 뒤편에 있는 벽시계를 가지고 오셨습니다.

"긴 바늘은 몇 분인지 알려 주기 때문에 분침이라고 불러요. 긴 바늘이 가리키는 작은 눈금 한 칸이 1분이에요. 숫자와 숫자 사이에 작은 눈금이 몇 칸 있나요?"

"다섯 칸이요."

"그럼 긴 바늘이 숫자 1, 2, 3을 가리킬 때 몇 분이지요?"

"5분, 10분, 15분이요."

"좋아요. 지금은 긴 바늘이 숫자 10을 가리키고 있으니 몇 분일까요?"

"50분이요."

"잘 했어요. 그럼 이번에는 몇 시인지 알아볼까요? 짧은 바늘은 시간을 알려 주기 때문에 시침이라고 불러요. 지금 짧은 바늘이 어떤 숫자 사이에 있지요?"

"9과 10 사이에 있어요."

단어 뜻 보기

허둥지둥 갈팡질팡하며 다급하게 서두르는 모양

반복되곤 같은 일이 되풀이되곤 웬 반복되다

"이럴 때는 아직 10[열]시가 되지 않았기 때문에 9[아홉]시라고 읽어야 해요. 그럼 지금은 몇 시 몇 분인지 민수가 말해 볼까요?"

"9[아홉]시 50분이요."

"정확해요. 2교시 수업은 9시 50분에 시작하니까 다음부터는 시계를 보고 미리 수업 준비를 하세요."

아이들은 시계를 읽을 수 있게 된 것이 신기한지 교실 뒤편에 걸린 벽시계를 자꾸만 쳐다보았습니다.

1 이 글에서 주로 이야기하는 것이 무엇인지 쓰세요.

 보는 방법

2 수업이 시작될 때 학생들이 허둥지둥 자리에 앉은 까닭은 무엇인가요?

① 수업 시작 종소리를 못 들어서

② 운동장에 나가 놀다 들어와서

③ 시계 보는 방법을 알지 못해서

④ 화장실에 아이들이 많아 줄이 길어서

3 다음 중 시계 보는 방법으로 바르지 <u>않은</u> 것은 어느 것인가요?

① 긴 바늘을 보고 몇 분인지 확인하기

② 짧은 바늘을 보고 몇 시인지 확인하기

③ 긴 바늘이 시계의 숫자 1, 2, 3을 가리킬 때 1분, 2분, 3분이라고 읽기

④ 짧은 바늘이 시계의 숫자 1, 2, 3을 가리킬 때 1시, 2시, 3시라고 읽기

 4 아래의 시계가 가리키는 시간을 쓰세요.

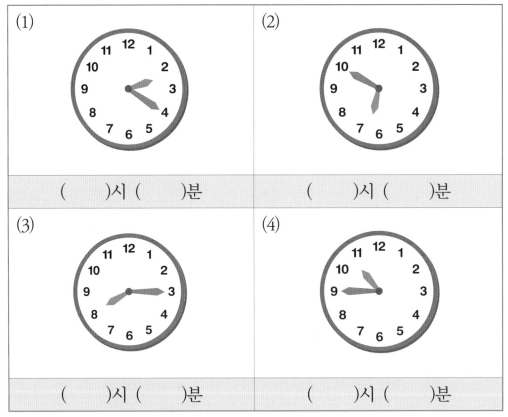

(1)	(2)
( )시 ( )분	( )시 ( )분
(3)	(4)
( )시 ( )분	( )시 ( )분

★ 나만의 이야기 만들기 ★

여러분의 가장 친한 친구는 누구인가요?
친구와 함께했던 일 중 가장 재미있었던 것을 떠올려 그림일기를 써 보세요.
(그림을 그리기 어려우면 아래 그림을 참고하세요.)

제목: 날씨: ☀ ☁ ☂ ⛄

✏ 오늘 나는 가장 친한 친구인   와

| 컴퓨터 게임 하기 |  축구를 하기 |  놀이터에서 놀기 |  동물원 가기 |
|  눈사람 만들기 |  소풍 가기 |  장기자랑 하기 |  수영장 가기 |

◆ 정답은 없으니 자유롭게 써 보세요.

2과 바른 인성

친구들과 사이좋게 지내고 가족을 아끼는 마음을
표현하기 위해서는 어떻게 하면 좋을지 생각해 봅시다.

목표

다음 독해 기술을 이용해 봅시다.

- ☑ **낱말 이해하기**
- ☑ **가리키는 말 알기**
- ○ 글감 파악하기
- ○ 주제 이해하기
- ☑ **내용 파악하기**
- ○ 비교하기
- ☑ 분류하기/**적용하기**
- ☑ **원인과 결과 찾기**
- ○ 주장과 근거 나누기
- ☑ **추론하기**

안녕하세요~!

**교과서
연계**
- [1학년 2학기] 국어 7단원 '무엇이 중요할까요?'
- [1학년 2학기] 가을(통합) 1단원 '내 이웃 이야기'
- [2학년 1학기] 국어 1단원 '시를 즐겨요'
- [2학년 2학기] 국어 4단원 '인물의 마음을 짐작해요'
- [2학년 1학기] 여름(통합) 1단원 '이런 집 저런 집'

다음 같은 상황을 보면 어떻게 말해 주는 게 좋을까요? 상황에 알맞은
말을 찾아 선으로 이어 보세요.

1  •

• (ㄱ) "제가 도와 드릴까요?"

2  •

• (ㄴ) "괜찮아? 많이 다쳤어?"

3  •

• (ㄷ) "힘내! 더 노력하면
잘할 수 있을 거야."

4  •

• (ㄹ) "정말 축하해!"

한 단계
올라갔다!

63

01

● 주변에 몸이 불편한 친구가 있나요?

　쉬는 시간에 친구들과 즐겁게 어울리던 지호는 우연히 혼자 자리에 앉아 있는 종민이를 보게 되었습니다. 종민이는 특수학급에서 공부하다가 3교시가 되면 보조 선생님과 함께 지호네 반으로 와서 함께 공부하는 친구입니다. 선생님께서는 종민이가 어릴 때 몸이 아파서 시력이 점점 떨어졌고, 지금은 눈앞의 글씨나 물건도 아주 흐릿하게만 보인다고 말씀해 주셨습니다.

　잠시 후 수업 종이 울리고 수학 시간이 되었습니다. 선생님께서는 숫자 공부를 위해 짝짓기 놀이를 하자고 말씀하셨습니다. 아이들은 즐겁게 노래를 부르다가 선생님께서 "셋!"하고 외치자 세 명이 모여서 어깨동무를 하고 자리에 앉았습니다. 종민이도 함께 어울리고 싶었지만 아무도 끼워 주지 않았습니다. 시무룩하게 서 있는 종민이의 마음을 아는지 모르는지 아이들 모두 신이 나서 깔깔거렸습니다.

　다시 노래가 시작되고 이번에는 선생님께서 "넷!"을 외쳤습니다. 지호는 얼른 종민이의 어깨에 손을 올리며 친구들과 함께 앉았습니다. 얼떨결에 친구들과 함께 자리에 앉은 종민이 얼굴에 점점 웃음이 번졌습니다. 그런 종민이를 바라보는 지호의 얼굴에도 웃음꽃이 활짝 피었습니다.

같이 하자~

단어 뜻 보기

특수학급 장애가 있는 학생을 잘 가르치기 위해 특별히 만든 학급

시력 물체의 존재나 모양을 알아보는 눈의 능력

얼떨결 갑자기 뜻밖의 일이 일어나서 정신이 없는 상태

모두 사이좋게~

1 수학 시간에 짝짓기 놀이를 하던 종민이는 왜 시무룩해졌나요?

① 놀이가 재미없어서　　　　　② 숫자 공부가 어려워서

③ 갑자기 눈앞이 안 보여서　　④ 친구들이 끼워 주지 않아서

 2 종민이와 함께 놀이를 한 지호는 어떤 성격의 친구일까요?

① 자기만 돋보이길 원한다.　　② 남을 잘 배려한다.

③ 산만하고 집중을 못 한다.　　④ 남의 일에 관심 없다.

 3 다음은 글에서 일이 일어난 순서대로 정리한 것입니다. 〈보기〉에서 알맞은 말을 골라 빈칸에 쓰세요.

> 〈보기〉
>
> 어깨　　　　　짝짓기　　　　　시력　　　　　특수학급

(1) (　　　　　)이 점점 떨어져서 눈앞이 아주 흐릿하게만 보이는 종민이를 지호가 쉬는 시간에 보았어요.

⬇

종민이는 (2) (　　　　　)에서 공부하다가 3교시가 되면 지호네 반으로 와서 공부하는 친구예요.

⬇

수학 시간에 숫자 공부를 위해 (3) (　　　　　) 놀이를 했지만, 친구들은 종민이를 끼워 주지 않았어요.

⬇

다시 놀이가 시작되었을 때 지호는 종민이의 (4) (　　　　　)에 손을 올리고 친구들과 짝을 지어 함께 앉으며 환하게 웃었어요.

02

● 엄마에게 야단맞고 운 적이 있나요?

울다 잠든 밤

엄마에게 호되게 야단맞고
서럽게 울다가 잠든 밤

조용히 내 곁으로 다가와
어루만지시는 우리 엄마

단어 뜻 보기

호되게 매우 심하게
서럽게 억울하여 마음이
아프고 슬프게
다짐했던 무엇을 하겠다
고 마음이나 뜻을 굳게
정했던 ⑩ 다짐하다

자는 척 꼭 감은 내 얼굴 위로
'톡'하고 떨어지는 눈물 한 방울

다시는 엄마랑 말 안 할 테야
다짐했던 내 마음도 스르르

★★
**원인과
결과 찾기 1** **이 시 속의 주인공은 왜 울다 잠들었나요?**

① 엄마가 보고 싶어서

② 엄마가 자꾸 잠을 깨워서

③ 엄마에게 호되게 야단을 맞아서

④ 엄마가 주인공과 말을 안 한다고 해서

66

★★★
추론
하기 **2** 밑줄 친 상황에서 주인공의 마음은 어땠을까요?

① 잠이 깨서 짜증이 났다.

② 엄마의 사랑이 느껴졌다.

③ 누구의 눈물일까 궁금했다.

④ 야단친 엄마가 원망스러웠다.

★★
내용
파악 **3** 주인공을 향한 엄마의 사랑과 미안함을 잘 보여주는 표현을 찾아 쓰세요. (다섯 글자)

_____

★★★
내용
파악 **4** 엄마에게 서운했던 주인공의 마음이 풀어지는 모습을 나타낸 낱말을 찾아 쓰세요.

난 엄마가
세상에서 제일 좋아!

03

● 다른 사람을 돕기 위해 무엇을 할 수 있을까요?

　1995년 미국의 한 병원에서 카이리와 브리엘이라는 쌍둥이가 태어났어요. 쌍둥이는 엄마 뱃속에서 너무 빨리 세상에 나오는 바람에 몸무게가 1kg[킬로그램]밖에 되지 않았어요. 게다가 동생인 브리엘은 심장에 병이 있어서 오래 살지 못할 거라고 했어요.

　"죄송합니다. 브리엘을 떠나 보낼 마음의 준비를 하셔야 할 것 같습니다."

　의사 선생님 말씀에 부모님께서는 눈물을 흘리셨어요.

　얼마 뒤 브리엘의 건강이 더 나빠졌을 때 한 간호사가 카이리를 아픈 동생의 옆에 눕혔어요. 그러자 아무도 예상치 못한 놀라운 일이 벌어지기 시작했어요.

　언니인 카이리가 천천히 자신의 몸을 돌리더니, 아픈 동생을 껴안았어요. 작은 두 몸이 ㉠포옹을 하는 사이, 생명이 위험했던 브리엘의 상태가 점점 좋아지기 시작했어요. 포옹하는 두 아기의 모습은 전 세계 사람들에게 큰 감동을 주었죠.

　누가 가르쳐 주지 않았는데도 본능적으로 동생의 생명을 지키려고 했던 갓난아기처럼, 우리도 다른 사람을 지키고 돕고자 하는 마음을 가지고 태어났어요. 이제 그 마음을 꺼내어 가족과 친구, 주위 사람들에게 표현해 보면 어떨까요?

단어 뜻 보기

심장 피를 몸 전체로 보내는 몸속 기관

본능적으로 배우지 않아도 태어날 때부터 이미 가지고 있는

1 밑줄 친 아무도 예상치 못한 놀라운 일이란 어떤 일인가요?

① 쌍둥이 동생의 심장에 문제가 생겨서 갑자기 아프게 된 일

② 아픈 동생 때문에 쌍둥이 언니까지 건강이 나빠진 일

③ 쌍둥이가 엄마 뱃속에서 너무 빨리 태어난 일

④ 쌍둥이 언니의 포옹으로 동생의 몸 상태가 좋아진 일

 2 글에서 밑줄 친 ㉠포옹의 뜻을 찾아 빈칸에 쓰세요.

다른 사람을 ☐☐ 는 것

 3 글에서 알맞은 낱말을 찾아 이 글의 제목을 써 보세요.

동생의 생명을 지킨 언니의 ☐☐

4 아래 ㉠~㉣을 글의 순서에 맞게 기호로 쓰세요.

> ㉠ 언니인 카이리를 쌍둥이 동생 옆에 눕힘
>
> ㉡ 쌍둥이 동생인 브리엘이 심장병으로 몸이 점점 약해짐
>
> ㉢ 포옹의 기적이 전 세계 사람들에게 큰 감동을 줌
>
> ㉣ 언니가 포옹하는 동안 동생의 몸 상태가 좋아짐

(   ) → (   ) → (   ) → (   )

04

● 다른 사람에게 도움을 받아 본 적이 있나요?

　어느 무더운 여름날, 목이 마른 개미가 냇가로 와서 물을 마시려다 그만 미끄러져서 물에 빠지고 말았어요.

　"살려 주세요!"

　물에 빠져 정신없이 떠내려가던 개미 앞에 갑자기 나뭇잎 하나가 떨어졌어요.

　"개미야, 나뭇잎 위로 어서 올라가!"

　나뭇잎 위로 간신히 기어 올라간 개미가 위를 올려다보니 비둘기가 있었어요.

　"비둘기야, 정말 고마워. ㉠네가 나뭇잎을 던져 주지 않았다면 ㉡나는 빠져 죽었을 거야. 이 은혜는 잊지 않을게."

　며칠이 지나 숲속을 지나가던 개미는 사냥꾼이 나무에 있는 비둘기를 총으로 겨누고 있는 것을 발견했어요.

　그런데 비둘기는 아무것도 모른 채 평화롭게 나뭇가지에 앉아 있었어요. 다급해진 개미는 사냥꾼에게 기어 올라가, 있는 힘껏 사냥꾼의 발을 꽉 깨물었어요.

　"아야!"

　개미에게 물린 사냥꾼은 깜짝 놀라서 엉뚱한 곳으로 총을 '탕'하고 쏘았어요. 사냥꾼의 총소리에 깜짝 놀란 비둘기는 멀리멀리 날아갔어요.

　사냥꾼이 돌아간 후 비둘기가 개미를 찾아와 말했어요.

　"개미야, 정말 고마워. 네가 내 목숨을 살려 주었어."

　"㉢너도 ㉣내 목숨을 구해 주었잖아. 널 도와줄 수 있어서 정말 다행이야."

　개미와 비둘기는 서로 마주 보고 미소를 지었어요.

단어 뜻 보기

은혜 고맙게 베풀어 주는 큰 도움 같은 것

겨누고 활이나 총 따위를 쏠 때 목표물을 향해 방향과 거리를 잡고
웬 겨누다

다급해진 일이 바싹 닥쳐서 매우 급해진
웬 다급해지다

1 밑줄 친 아무것도 모른 채에서 비둘기가 모르는 것은 무엇인가요?

① 숲속에서 불이 나서 위험한 것

② 개미가 물에 빠져 도움이 필요한 것

③ 사냥꾼이 자기를 총으로 겨누고 있는 것

④ 앉아 있는 나뭇가지가 부러지려고 하는 것

 2 개미와 비둘기가 서로 어떤 도움을 주었는지 선으로 이어 보세요.

(1) 비둘기는   (2) 개미는

•   •

•   •

(ㄱ) 사냥꾼의 발을   (ㄴ) 나뭇잎을

•   •

•   •

(가) 떨어뜨려 주었다.   (나) 꽉 깨물었다.

 3 밑줄 친 ㉠~㉣이 비둘기와 개미 중 각각 누구를 말하는 것인지 쓰세요.

㉠네: _____   ㉡나: _____

㉢너: _____   ㉣내: _____

05

● 내가 아끼는 것을 친구와 나눠 본 적 있나요?

　나눔이란 무엇일까요? 우리는 친구들과 과자를 나누어 먹고, 필요할 때는 친구와 학용품도 나눠 씁니다. 나눔은 내가 가지고 있는 것을 다른 사람들, 특히 도움이 필요한 사람에게 주는 것입니다. 많은 돈을 기부하거나 내가 가진 것을 다 주어야 훌륭한 나눔인 것이 아닙니다. 어른만 할 수 있는 것도 아닙니다. 우리 모두의 작은 정성과 나눔이 모이면 누군가를 도울 수 있는 큰 힘이 됩니다.

나의 작은 관심과 사랑이
누군가에게는
크고 고마운 나눔입니다.

단어 뜻 보기

기부 어려운 사람을 돕거나 여러 좋은 일에 자신의 돈이나 물건 등을 기꺼이 내놓음

글감파악 ★ **1** 이 글은 무엇에 관해 이야기하고 있나요?

2 이 글에서 말하는 나눔의 의미로 알맞은 것은 무엇인가요?

① 나눔은 어른들만 할 수 있다.

② 나눔은 내가 가진 것을 다 주어야만 한다.

③ 나눔은 많은 돈을 기부하는 것이다.

④ 작은 나눔도 모이면 큰 힘이 된다.

3 여러 친구 중 글의 내용과 같은 나눔을 실천하려는 친구를 고르세요.

① 수호: 난 어린데 무엇을 할 수 있겠어? 내가 무엇을 나눈다고 해서 꼭 도움이 되지 않을 수도 있어.

② 나연: 정말 돕고 싶은 마음으로 즐겁게 나누면 누군가에게 도움이 될 거야. 난 앞으로 용돈 중에서 오백 원씩 '나눔 돼지저금통'에 넣을래.

③ 혜원: 어려운 이웃을 제대로 도우려면 돈이 많이 필요해. 난 나중에 돈을 많이 벌어서 크게 기부할 거야.

④ 승환: 내가 모르는 어려운 사람을 꼭 도와야 할까? 난 누군지 모르는 사람보다는 내가 아는 사람들만 돕고 싶어.

나눔 상자

● **진정한 친구란 어떤 사람일까요?**

　옛날 어느 마을에 오랫동안 친하게 지내온 두 친구가 있었어요.

　하루는 두 친구가 산을 넘어 장터에 물건을 사러 가게 되었어요. 산길을 한참 걷던 두 사람은 ㉠이상한 소리에 멈춰 섰어요.

　"방금 무슨 소리 나는 걸 들었나?"

　"나도 들었네. 날도 어두워지니 더 서둘러야겠어."

　그 순간 두 친구 앞으로 커다란 곰이 나타났어요!

　두 친구는 깜짝 놀라 도망가다가 한 친구가 재빠르게 나무 위로 올라갔어요. 하지만 다른 친구는 행동이 느려서 나무 위로 올라가지 못했어요.

　"친구, 나를 좀 끌어 올려주게."

　하지만 나무 위에 있던 친구는 거칠게 소리쳤어요.

　"그러다가 나까지 떨어지면 둘 다 죽게 될 수도 있네. 얼른 다른 나무로 가게!"

　그러는 사이에 곰이 가까워지자 나무 밑에 있던 친구는 그 자리에 쓰러져 죽은 척을 했어요.

　'곰은 죽은 사람은 건드리지 않는다고 했어. 숨을 참고 죽은 시늉을 하는 거야.'

　바닥에 누워 있는 친구에게 다가온 곰은 코를 대고 한참을 킁킁거리다가 다시 어슬렁거리며 사라졌어요.

　나무 위에 있던 친구는 재빨리 내려와 누워 있던 친구에게 다가와 물었어요.

　"조금 전에 곰이 자네 귀에 대고 속삭이는 것 같던데 뭐라고 하던가?"

단어 뜻 보기

시늉 움직임과 소리 등을 비슷하게 따라 하는 것

어슬렁거리며 큰 몸을 흔들면서 여기저기 걸어다니며 ㉄ 어슬렁거리다

위험 안전하지 못함

그러자 누워 있던 친구가 벌떡 일어나서 차갑게 대답했어요.

"친구가 위험에 빠졌을 때 모르는 척하는 사람과는 앞으로 가까이 지내지 말라고 하더군."

★★★
추론
하기 **1** 밑줄 친 ㉠이상한 소리는 어떤 소리였을까요?

① 두 친구가 산속을 걷는 소리

② 큰 곰이 두 친구에게 다가오는 소리

③ 한 친구가 나무에 올라가는 소리

④ 곰이 한 친구의 귀에 속삭이는 소리

★★
원인과
결과 찾기 **2** 나무 위로 올라간 친구가 다른 친구를 도와주지 <u>않은</u> 이유는 무엇인가요?

① 친구를 놀리고 싶어서

② 끌어 올릴 힘이 없어서

③ 도와 달라는 소리를 못 들어서

④ 도와주다가 자기까지 죽을까 봐

★
내용
파악 **3** 미처 나무에 올라가지 못한 친구는 어떻게 했나요?

① 곰의 반대편으로 힘껏 달렸다.

② 곰에 맞서 용감하게 싸웠다.

③ 땅에 누워서 죽은 척을 했다.

④ 다른 나무를 찾아 올라갔다.

내용 파악 ★★ 4 진정한 친구는 언제 알아볼 수 있는지 글에서 알맞은 낱말을 찾아 쓰세요.

┌──────┬──────┐
│   │   │ 에 빠졌을 때
└──────┴──────┘

내용 파악 ★★★ 5 아래 그림은 이야기의 장면을 그린 것입니다. 이야기 순서대로 그림의 기호를 쓰세요.

(   ) → (   ) → (   ) → (   )

★ 나만의 이야기 만들기 ★

여러분은 아래 그림과 같은 상황의 친구(들)에게
어떤 말을 해 주고 싶나요? 하고 싶은 말을 적어 보세요.

1 무거운 책이나 짐을 들고 가는 친구에게

....

....

2 어른들께 인사를 바르게 안 하는 친구에게

....

....

3 화를 내면서 싸우고 있는 친구들에게

....

....

4 몹시 배고파하는 친구에게

....

....

5 시험을 못 봐서 우는 친구에게

....

....

◆ 정답은 없으니 자유롭게 써 보세요.

1과 2과 3과 4과 5과 6과

사회와 생활

우리가 사회 구성원으로서 지켜야 하는 약속과 알아야 하는 상식에는 어떠한 것들이 있는지 생각해 봅시다.

목표

다음 독해 기술을 이용해 봅시다.

- ☑ **낱말 이해하기**
- ☑ **가리키는 말 알기**
- ☑ **글감 파악하기**
- ☑ **주제 이해하기**
- ☑ **내용 파악하기**
- ○ 비교하기
- ☑ 분류하기/**적용하기**
- ☑ **원인과 결과 찾기**
- ○ 주장과 근거 나누기
- ○ 추론하기

교과서 연계
- [1학년 1학기] 여름 1단원 '우리는 가족입니다'
- [1학년 1학기] 국어 5단원 '다정하게 인사해요'
- [1학년] 안전한 생활 2단원 '교통안전–우리 모두 교통안전'
- [2학년 1학기] 국어 3단원 '마음을 나누어요'
- [2학년 1학기] 봄(통합) 1단원 '알쏭달쏭 나'

교통규칙을
지켜야 해

다음 상황에서 교통규칙에 가장 알맞게 말한 친구의 이름을 쓰세요.

수진 횡단보도로 건너려면 시간이 너무 오래 걸리니까 어쩔 수 없어.

형철 차가 별로 없으니까 무단횡단을 해도 위험하지 않아.

이준 조금 불편하더라도 안전을 위해서는 꼭 횡단보도로 건너야 해.

· **가장 알맞게 말한 친구 (   )**

예지 신호등이 곧 초록불로 바뀌니까 건너도 괜찮아.

은수 초록불로 바뀔 때까지 기다렸다가 건너야 안전해.

민식 노란불일 때는 차들이 모두 멈추기 때문에 건너도 안전해.

· **가장 알맞게 말한 친구 (   )**

독해 실력이
쌓여간다~

영차!

01

● 친척을 부르는 말을 알고 있나요?

수업 시간에 선생님과 함께 가족에 관해 공부하면서 민영이는 엄마, 아빠, 동생뿐만 아니라 친척들도 모두 가족이라는 것을 알게 되었어요. 그런데 서로의 관계에 따라서 부르는 말이 달라진다는 것이 잘 이해가 되지 않았어요. 집에 와서 민영이는 엄마에게 말했어요.

"엄마, 오늘 친척에 대해 배웠는데 부르는 말이 너무 어려워요."

"그래? 그럼 엄마랑 가족 나무를 그리며 차근차근 알아볼까?"

민영이는 엄마와 함께 가족 나무를 그려 보았어요.

단어 뜻 보기

친척 아버지 쪽과 어머니 쪽의 가족들

차근차근 말이나 행동을 조리 있게, 순서에 맞춰 하는 모양

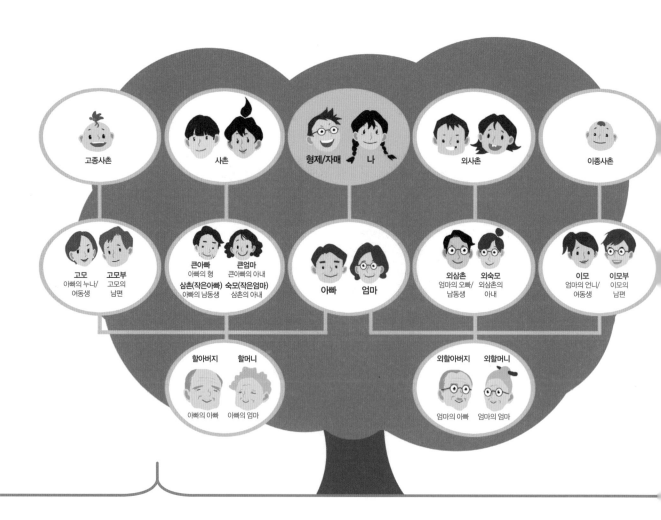

"엄마, 종현이는 이모 아들이니까 저랑 이종사촌이고 미선 언니는 큰아빠 딸이니까 사촌 맞죠?"

"맞아. 민영이가 이제 가족 나무 박사님이 다 되었네."

민영이는 내일 학교에 가서 친구들에게도 가족 나무 그리기를 가르쳐 줘야겠다고 생각했어요.

★

내용 파악 1 친척을 부르는 말을 제대로 이해하기 위해 민영이와 엄마는 무엇을 그렸나요?

★★

내용 파악 2 글을 읽고 빈칸에 들어갈 말을 찾아 쓰세요.

친척 간에는 서로의 [   ][   ] 에 따라 부르는 말이 달라집니다.

★★★

낱말 이해 3 친척을 부르는 말로 알맞은 것을 〈보기〉에서 골라 쓰세요.

〈보기〉

외사촌	이종사촌	숙모	이모부	큰아빠

(1) 아빠의 형을 부르는 말　　　　　　　　　　(　　　　　)

(2) 엄마의 언니의 남편을 부르는 말　　　　　　(　　　　　)

(3) 외삼촌과 외숙모의 아이를 부르는 말　　　　(　　　　　)

(4) 아빠의 남동생의 아내를 부르는 말　　　　　(　　　　　)

(5) 이모와 이모부의 아이를 부르는 말　　　　　(　　　　　)

02

● 세계 여러 나라 사람들은 어떻게 인사를 할까요?

세계 여러 나라 사람들은 다양한 방법으로 인사를 합니다.

(㉠) 프랑스 사람들은 반가운 사람을 만나 인사를 할 때 서로 볼을 맞대며 "봉쥬르."하고 말합니다. 횟수는 사람마다 차이가 있지만 보통 왼쪽에서 한 번, 오른쪽에서 한 번, 두 번 맞댑니다.

인도에서는 남자들끼리는 악수를 하지만 여자와 만났을 때는 악수 대신에 두 손을 가슴 앞으로 모으고 가볍게 고개를 숙이며 "나마스떼."라고 말합니다. '나마스떼'는 '신께서 당신과 함께하기를 바랍니다'라는 뜻의 인사말입니다.

미얀마 사람들은 팔짱을 낀 채 고개를 숙여 인사합니다. 웃어른께 팔짱을 끼고 인사하는 모습이 조금 이상해 보일 수도 있지만, 이것은 '나는 팔이 묶여 있기 때문에 당신을 공격할 수 없습니다'라는 뜻이랍니다.

이외에도 태국 사람들은 인사할 때 두 손을 모아 합장을 하고, 티베트 사람들은 자신의 귀를 잡아당기며 혓바닥을 길게 내미는 재미있는 인사법을 사용합니다.

우리와는 다른 인사 모습이 조금 낯설게 느껴질 수도 있지만, 다양한 인사법을 잘 익힌다면 세계 여러 나라의 사람들과 더 가까워질 수 있을 것입니다.

단어 뜻 보기

맞대며 서로 마주 대하며
(원) 맞대다

합장 손을 펴서 두 손바닥을 서로 합치고 가슴 쪽에 올리는 인사법

1 이 글의 글감을 써 보세요.

여러 나라의 다양한 ☐☐ 방법

★★★
내용
파악 **2** 다음 중 ㉠에 들어갈 말로 자연스러운 것은 무엇인가요?

① 그리고   ② 그러나

③ 그렇지만   ④ 예를 들어

★★★
내용
파악 **3** 각 나라와 알맞은 인사법을 선으로 이어 보세요.

(1) 인도   •   •(ㄱ) 팔짱을 끼고 고개를 숙인다.

(2) 미얀마 •   •(ㄴ) 두 손을 모아 합장을 한다.

(3) 티베트 •   •(ㄷ) "나마스떼."라고 말하며
                                   고개를 숙인다.

(4) 태국   •   •(ㄹ) 자기 귀를 잡아당기며
                                   혓바닥을 내민다.

(5) 프랑스 •   •(ㅁ) "봉쥬르."라고 말하며
                                   볼을 맞댄다.

03

● 몸이 아플 때 증상에 따라 어느 병원에 가야 할까요?

　금세 울음을 터뜨릴 듯한 얼굴로 숲길을 걷고 있는 너구리를 보고 차를 몰고 가던 노루 아저씨가 물었어요.

　"너구리야, 왜 그래? 어디 아프니?"

　"이가 쿡쿡 쑤시고 너무너무 아파요."

　너구리의 대답을 듣고 노루 아저씨가 안타까운 얼굴로 말했어요.

　"이가 썩은 모양이네. 치과에 데려다주마. 얼른 차에 타렴."

　너구리를 태우고 치과로 가는 길에 노루 아저씨는 넘어진 토끼를 발견했어요.

　"토끼야, 괜찮니?"

　"다리가 부러졌나 봐요. 일어날 수가 없어요."

　"다리가 부러졌으면 외과에 가야겠구나."

　노루 아저씨는 토끼를 부축해서 차에 태웠어요.

　너구리와 토끼를 태우고 병원에 가던 노루 아저씨는 배를 감싸고 데굴데굴 구르고 있는 여우를 발견했어요.

　"여우야, 왜 그렇게 배를 움켜쥐고 있어?"

　"조금 전에 점심을 먹었는데 갑자기 배가 너무 아파요."

　"배탈이 난 모양이구나. 내과에 가서 치료받자. 자, 얼른 타렴."

　노루 아저씨가 차를 출발시키려는데 멀리서 아기를 업은 엄마 고릴라가 뛰어오면서 크게 소리쳤어요.

　"노루 아저씨, 우리 아기가 열이 너무 심해요. 병원에 데려다주실 수 있나요?"

　"소아청소년과에 모셔다드릴 테니 어서 타세요."

이가 아파~!

아얏!

배가 아파!

도와주세요!

> **단어 뜻 보기**
>
> **부축해서** 겨드랑이를 잡고 걷는 것을 도와서
> ㉚ 부축하다
> **증상** 병을 앓을 때 나타나는 여러 상태 또는 모습

이렇게 너구리와 토끼와 여우와 고릴라를 태운 노루 아저씨는 동물들의 증상에 따라 알맞은 병원에 내려 주었어요. 노루 아저씨 덕분에 아픈 동물들은 병원에서 치료를 잘 받고 다시 건강해질 수 있었어요.

★★★
내용 파악 **1** 글에서 가장 중요하게 알려주려는 내용은 무엇인가요?

① 숲에 사는 동물들　　　② 노루 아저씨의 차

③ 배탈이 난 여우　　　　④ 아플 때 가야 하는 병원

★★★
내용 파악 **2** 다음과 같은 증상이 있을 때 어느 병원으로 가야 하는지 선으로 이어 보세요.

(1) 다리가 부러졌을 때　　　•　　　• (ㄱ) 소아청소년과

(2) 배가 아플 때　　　•　　　• (ㄴ) 내과

(3) 아기가 열이 나고 아플 때 •　　　• (ㄷ) 치과

(4) 이가 아프거나 썩었을 때 •　　　• (ㄹ) 외과

★★
내용 파악 **3** 글을 읽고 빈칸에 들어갈 알맞은 말을 〈보기〉에서 찾아 쓰세요.

〈보기〉

치료　　　병원　　　건강

노루 아저씨의 도움을 받은 동물 친구들은 ☐☐ 에서

의사 선생님께 ☐☐ 를 받고 다시 ☐☐ 해졌습니다.

04

● 길을 걸을 때 교통 표지판을 주의 깊게 보나요?

수업을 마치고 주영이와 민주는 길 건너에 있는 문방구에 빨리 가고 싶어 무단횡단을 했어요.

"이 녀석들, 그러다가 사고라도 나면 어쩌려고 그래!"

경찰 아저씨가 뛰어오며 소리치셨어요.

"길을 건널 때는 항상 횡단보도 표시가 있는 곳으로 건너야지. 학교 주변에 있는 여러 가지 교통 표지판을 본 적 있지?"

"네, 그런데 잘 기억이 나진 않아요."

"학교 교문 앞 도로에는 어린이 보호 표지판이 있어. 차 속도를 줄이고 조심해서 운전하라는 표지판이야. 또 보행자 전용도로 표지판이 있는 곳에는 보행자만 다닐 수 있어. 거기서 자전거를 타는 어린이들도 종종 있는데, 나뿐만 아니라 다른 사람도 다치게 할 수 있으니 타지 말아야 한단다."

단어 뜻 보기

무단횡단 교통신호나 규칙을 어기고 건널목이 아닌 곳에서 도로를 건너가는 것

보행자 길에서 걸어 다니는 사람

주의 마음에 새기고 조심함

〈여러 가지 교통 표지판〉

횡단보도	보행자전용도로	어린이보호
도로를 건널 때 이곳에서 건너세요.	보행자만 다니는 도로입니다.	어린이가 많은 곳이니 주의하세요.
통행금지	위험 DANGER	
이곳으로 다니지 마세요.	위험한 곳이니 주의하세요.	자전거를 타고 다닐 수 없어요.

경찰 아저씨의 설명을 듣고 집으로 돌아오면서 거리를 둘러보니 정말 여러 교통 표지판이 보였어요. 주영이와 민주는 앞으로 교통 표지판을 잘 살피고 표지판이 지시하는 대로 잘 지켜서 교통사고의 위험에서 안전하도록 조심하겠다고 마음먹었어요.

★
글감 파악 **1** 이 글은 무엇에 관해 설명하고 있나요?

여러 ☐☐ ☐☐☐

★★
내용 파악 **2** 교통 표지판과 그 의미를 선으로 이어 보세요.

(1) 보행자전용도로 ·   · (ㄱ) 어린이가 많은 곳이니 주의하세요.

(2) 어린이보호 ·   · (ㄴ) 위험한 곳이니 주의하세요.

(3) 위험 DANGER ·   · (ㄷ) 보행자만 다니는 도로입니다.

★★★
주제 이해 **3** 주영이와 민주가 배운 교훈을 생각하며 빈칸에 들어갈 말을 찾아 써 보세요.

교통 표지판을 잘 보고 지시를 지키면 ☐☐☐☐ 의

위험으로부터 ☐☐ 할 수 있습니다.

05

● 돈은 어떻게 변화되어 왔을까요?

우리가 매일 사용하고 있는 돈은 언제부터 쓰였을까?

아주 오랜 옛날에는 내가 필요한 물건이 있으면 그것을 가지고 있는 사람을 찾아가서 내가 가지고 있는 물건과 바꾸었다. 이렇게 물건과 물건을 교환하는 것을 물물교환이라고 한다.

하지만 내가 원하는 물건과 상대방이 원하는 물건을 찾아 서로 바꾸는 일은 무척이나 힘들고 불편했다. 사람들은 점점 언제든 내가 원하는 물건을 편리하게 살 수 있도록 물건의 가치를 대신할 수 있는 교환수단이 필요하다는 것을 깨닫게 되었다.

처음에는 조개껍데기나 소금 또는 곡식 같은 것을 돈처럼 물물교환의 도구로 사용하기 시작했다. 물건의 가치를 조개껍데기 개수, 소금이나 곡식의 양으로 계산하여 서로 교환할 수 있게 된 것이다. 하지만 곡식이나 소금의 양이 많을 때는 서로 교환하기가 무척 불편했다.

그 뒤로는 금, 은, 청동, 구리, 철과 같은 금속이 돈으로 쓰이기 시작했다. 하지만 이러한 금속도 무겁고 가지고 다니기 불편했기 때문에 점차 간편한 종이돈이 생겨났다.

요즘은 신용카드와 같은 전자화폐를 사용하는 사람들이 늘어남에 따라 종이돈을 쓰는 사람들도 점점 줄어들고 있다. 미래에는 과연 어떤 형태의 돈이 생겨날까?

단어 뜻 보기

가치 사물이 지니고 있는 중요성

교환수단 무언가와 바꾸기 위한 방법이나 도구

곡식 사람이 먹는 것 중 쌀, 보리, 콩 등

화폐 동전이나 지폐 등을 포함한 모든 형태의 돈

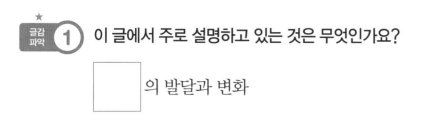

글감 파악 ★ 1 이 글에서 주로 설명하고 있는 것은 무엇인가요?

　　　　　의 발달과 변화

낱말 이해 ★ 2 서로 필요한 물건을 바꾸는 것을 무엇이라고 하나요?

내용 파악 ★★★ 3 다음 중 글의 내용으로 바른 것은 어느 것인가요?

① 곡식이나 소금은 양이 많을 때도 교환하기 편리했다.

② 맨 처음부터 금이나 은과 같은 금속이 돈으로 쓰였다.

③ 내가 원하는 물건과 상대방이 원하는 물건을 찾아 바꾸는 일은 쉬웠다.

④ 사람들은 물건의 가치를 대신할 교환수단이 필요함을 깨닫게 되었다.

내용 파악 ★★ 4 돈이 발달한 순서에 맞게 아래의 ㉠~㉣을 차례대로 쓰세요.

㉠ 신용카드와 같은 전자화폐
㉡ 금속들
㉢ 조개껍데기, 소금, 곡식 등
㉣ 종이돈

(　　　) → (　　　) → (　　　) → (　　　)

06

● 주변에서 본 장애인 편의시설에는 어떤 것이 있나요?

엄마와 함께 마트에 가려고 집을 나선 지수는 아파트 엘리베이터 버튼에 올록볼록 튀어나온 것을 보고 물었습니다.

"엄마, 숫자 옆에 튀어나와 있는 ㉠이것은 뭐예요?"

"그건 앞을 보지 못하는 시각장애인들이 손으로 만져서 숫자를 알 수 있도록 표시해놓은 점자란다. 우리 아파트 현관 계단 옆에 있는 경사로를 본 적 있지? 휠체어를 타는 장애인들을 위해 계단 대신 경사로를 만든 거야. 오늘 엄마랑 마트에 가면서 장애인들의 생활을 돕는 편의시설에는 또 어떤 것들이 있는지 함께 찾아볼까?"

지수는 평소 마트에 갈 때보다 더 신이 났습니다. 마트에서 본 장애인 전용 주차구역은 휠체어를 탄 장애인이 이동하기 편리할 만큼 넓었습니다. 마트 엘리베이터의 버튼과 매장 안내판에는 시각장애인을 위한 점자가 있었고, 휠체어를 타고 이용하기 편리한 장애인 화장실도 있었습니다.

하지만 지수는 아직 장애인을 위한 편의시설이 많이 부족하다고 느꼈습니다. 지수는 장애인 편의시설이 더 많이 생겨서 장애인들이 더 편하게 생활할 수 있으면 좋겠다고 생각했습니다.

단어 뜻 보기

경사로 한쪽으로 비스듬히 기울어지게 만든 통로

장애인 정신 능력이 떨어지거나 몸을 제대로 움직이지 못해서 불편을 겪는 사람

편의시설 이용하는 사람들이 편하도록 돕기 위해 만들어진 장치나 공간 등

전용 특정 조건의 사람들만 씀

점자

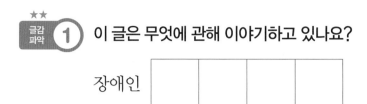

1 이 글은 무엇에 관해 이야기하고 있나요?

장애인 [ ][ ][ ][ ]

2 글에서 장애인을 위한 시설의 예로 나오지 <u>않은</u> 것은 어느 것인가요?

① 현관 계단 옆의 경사로

② 장애인 전용 주차구역

③ 엘리베이터 버튼의 점자

④ 백화점 에스컬레이터

3 밑줄 친 ㉠<u>이것</u>이 가리키는 것을 쓰세요.

[ ][ ]

4 지수는 장애인의 생활을 돕는 시설들을 찾아보면서 무엇을 느꼈나요?

① 장애인 전용 주차구역이 너무 좁다.

② 계단 옆의 경사로는 필요 없다.

③ 장애인을 위한 편의시설이 부족하다.

④ 엘리베이터 버튼의 점자가 지저분해 보인다.

● 몸과 주변 환경을 깨끗하게 하는 것은 왜 중요할까요?

어느 여름의 늦은 밤, 현수네 집에 사는 파리, 모기, 바퀴벌레가 한자리에 모였습니다.

파리
오랜만에 한자리에 모였구나. 다들 잘 지냈니? 오늘 보니까 현수가 온몸을 여기저기 긁고 다니던데 모기 너 때문이니?

모기
응, 현수가 요즘 목욕을 잘 하지 않아서 지저분하고 땀 냄새도 많이 나길래 내가 여기저기 물었지. 나는 피를 빨아먹는 동안 피가 엉겨 붙지 않도록 특수한 침을 내뿜는데, 그 침 때문에 피부가 가렵고 빨갛게 부어오르는 거야. 우리 모기들이 일본뇌염 같은 무서운 전염병을 옮기기도 하는데 현수는 잘 모르는 것 같아. 그런데 현수가 어제 배탈이 나서 온종일 아프던데 왜 그런 거야?

모두 오랜만이야~

단어 뜻 보기

전염병 다른 생물에 옮기는 병

식중독 세균 같은 것 때문에 독이 생긴 음식을 먹어서 걸리는 병

기생충 다른 생물에 붙어서 양분을 빨아먹고 자기만 이득을 얻는 벌레

병균 병을 일으키는 균(아주 작은 생물)

파리
나 때문이야. 나는 평소에 여기저기 날아다니며 음식쓰레기나 똥 위에 앉거든. 그래서 항상 발에 세균이 득실거리는데, 그 발로 현수가 먹는 밥과 반찬 위에 앉았지. 내 발에 묻어 있던 세균이 현수 몸으로 들어가서 배탈이 나고 열도 심하게 난 것 같아. 난 식중독을 일으키고 기생충도 옮기는데 현수네 가족은 그것도 모르나 봐.

바퀴벌레

현수네 집은 늘 음식쓰레기가 여기저기 널려 있고 가족들이 잘 씻지 않아서 우리 같은 해충이 살기에는 정말 천국 같아. 우리 바퀴벌레들이 더러운 병균을 옮긴다고 다른 사람들은 우리를 없애려고 하는데, 나는 쫓겨날 염려 없이 현수네 집에서 살면 되니까 정말 행복해.

파리 모기

그러게. 정말 좋은 곳이야. 우리 여기서 오래오래 살자.

1 다음 중 현수의 집에 모인 벌레가 <u>아닌</u> 것은 무엇인가요?

① 바퀴벌레　　　　　　② 파리

③ 기생충　　　　　　　④ 모기

2 모기에 물렸을 때 가려운 이유는 무엇인가요?

① 피가 엉겨 붙지 않게 내뿜는 침 때문에

② 모기가 여러 가지 세균을 옮기기 때문에

③ 모기에게 물릴 때 피부에 상처가 나기 때문에

④ 더러운 곳에 앉았던 발로 내 몸에 앉기 때문에

낱말 이해 ★★★ 3 병균을 옮겨서 우리 몸을 아프게 하는 등 우리에게 나쁜 영향을 미치는 벌레를 뭐라고 하는지 글에서 찾아 쓰세요.

적용 하기 ★★ 4 다음 중 현수네 집 벌레들이 좋아할 만한 상황에는 ○를, 싫어할 만한 상황에는 ×를 고르세요.

(1) ○ ×   (2) ○ ×   (3) ○ ×

"난 체육 시간에 땀을 많이 흘리면 집에 와서 바로 시원하게 목욕을 해."

"우리 집은 식사 후에 반찬 뚜껑을 잘 덮지 않고 그냥 놔두었다가 나중에 다시 먹어."

"간식을 먹다 남으면 음식쓰레기를 책상 서랍 구석이나 잘 안 보이는 곳에 둬."

★ 나만의 이야기 만들기 ★

'우리 집 가족 나무'를 그려 보세요. 엄마와 아빠, 나뿐만 아니라
친할머니와 친할아버지, 외할머니와 외할아버지, 사촌들까지
친척들의 얼굴도 재미있게 그린 다음 가족 소개를 해 보아요.

고종사촌   사촌   나   외사촌   이종사촌

고모, 고모부   큰아빠, 큰엄마   부모님   외삼촌, 외숙모   이모, 이모부

할아버지,
할머니

외할아버지,
외할머니

✎ 우리 가족은

....

....

....

....

....

◆ 정답은 없으니 자유롭게 써 보세요.

닮고 싶은 인물

꿈을 이루기 위해 열심히 노력한 사람들의 모습은 우리에게 큰 감동을 줍니다. 우리는 어떤 꿈을 갖고 있는지, 또 어떤 사람이 되고 싶은지 생각해 봅시다.

목표

다음 독해 기술을 이용해 봅시다.

- ✓ **낱말 이해하기**
- ○ 가리키는 말 알기
- ○ 글감 파악하기
- ✓ **주제 이해하기**
- ✓ **내용 파악하기**
- ✓ **비교하기**
- ✓ 분류하기/**적용하기**
- ✓ **원인과 결과 찾기**
- ○ 주장과 근거 나누기
- ✓ **추론하기**

교과서 연계
- • [1학년 2학기] 국어 10단원 '인물의 말과 행동을 상상해요'
- • [2학년 1학기] 국어 8단원 '마음을 짐작해요'
- • [2학년 1학기] 국어 11단원 '상상의 날개를 펴요'
- • [2학년 2학기] 국어 4단원 '인물의 마음을 짐작해요'

꿈을 이루기 위해 오늘도 열심히!

다음은 여러 나라에서 존경받는 인물에 관한 힌트입니다. 힌트를 읽고 누구인지 맞혀 보세요.

① 세계적으로 유명한 독일의 음악가이다.

② 훌륭한 작곡가이자 피아노 연주자였다. 귓병으로 귀가 안 들리게 되자 나중에는 작곡만 하였다.

③ 훌륭한 피아노 연주곡, 교향곡을 많이 작곡하였다.

④ 악기로 연주를 하는 기악곡에 합창을 넣은 최초의 교향곡을 작곡하였다.

• 나는 (   )입니다.

① 열네 살의 어린 나이에 우리나라 피겨 스케이팅 국가대표가 되었다.

② 완벽한 점프를 위해 얼음판에서 수도 없이 넘어지며 열심히 연습하였다.

③ 2010년 밴쿠버 동계 올림픽에서 금메달을 땄다.

④ 2018 평창 동계 올림픽 홍보대사였다.

• 나는 (   )입니다.

벌써 4과라니 조금 더 힘을 내야지!

97

01

● 최고의 피겨 선수 김연아의 공연을 본 적 있나요?

일곱 살에 스케이팅을 시작한 김연아는 열네 살에 최연소 피겨 국가대표로 뽑혔다. 그 후 수많은 대회에서 우승을 하고, 마침내 2010년 밴쿠버 동계 올림픽에서 금메달을 목에 걸면서 세계 정상에 우뚝 섰다.

김연아가 최고의 피겨 선수가 될 수 있었던 까닭은 타고난 재능뿐만 아니라 하루도 거르지 않는 지독한 스케이팅 연습에 있었다. 하루에 100번 넘게 점프를 연습하고, 차갑고 딱딱한 얼음 바닥에 수도 없이 넘어졌지만 완벽한 점프를 위해 절대로 포기하지 않았다.

'여기서 포기하면 아무것도 하지 않은 것과 똑같아. 나 자신과 싸움에서 반드시 이겨야 해.'

단어 뜻 보기

최연소 어떤 집단에서 가장 어린 나이

피겨 피겨 스케이팅의 줄임말로, 얼음판에서 스케이트를 타며 기술의 정확성과 동작의 아름다움을 겨루는 운동

포기 하려고 했거나 하던 일을 중간에 그만둠

착지 점프를 한 다음 땅바닥에 내려와 서는 것

너무 힘들어서 포기하고 싶을 때도 많았지만 그럴 때마다 더 열심히 연습하며 극복해냈다. 얼음판 위에서 점프하고 착지할 때면 자기 몸무게의 열 배나 되는 충격이 온몸으로 전해져 늘 허리가 심하게 아팠지만, 무대 위에서는 언제나 행복한 미소를 지었다. 모든 어려움을 극복하고 마지막 순간까지 최선을 다한 피겨 여왕 김연아의 모습은 언제까지나 아름답게 기억될 것이다.

★★★
내용파악 1 피겨 선수 김연아에 관한 설명으로 바른 것에는 ○를, 잘못된 것에는 ×를 표시하세요.

(1) 타고난 재능만으로 최고의 피겨 선수가 되었다. ( )

(2) 열네 살 때 밴쿠버 동계 올림픽에서 금메달을 땄다. ( )

(3) 하루도 거르지 않고 스케이팅 연습을 하였다. ( )

(4) 얼음판 위에서 점프 연습을 반복해도 늘 건강했다. ( )

★★
내용파악 2 김연아가 최고의 피겨 선수가 될 수 있었던 이유를 찾아 쓰세요.

김연아 선수는 ☐☐ 하고 싶을 때 더 열심히 스케이팅을

☐☐ 하며 극복해냈다.

★★
추론하기 3 이 글에서 알 수 있는 김연아 선수의 성격은 어떠한가요?

① 쉽게 포기한다.

② 성격이 급하다.

③ 매우 게으르다.

④ 끈기가 있다.

02

● 케네디 대통령의 위인전을 읽어 본 적 있나요?

"지금부터 산을 깎아 터널을 뚫으려는 사람들과 환경을 보호하려는 사람들 사이의 문제를 어떻게 해결하면 좋을지 이야기를 나누어 볼 거야. 다들 식탁 옆에 붙여 둔 신문 기사는 미리 읽고 왔지? 그럼, 자기 생각을 자유롭게 이야기해 보렴."

이 모습은 미국 사람들이 존경하는 케네디 대통령의 어린 시절 저녁 식사 풍경입니다. 케네디 가족은 식사 자리에서 토론을 한 것으로 유명합니다. 아이들은 하나의 주제에 관해 폭넓게 이야기를 나누고 찬성편과 반대편으로 나뉘어 토론을 벌이기도 하였습니다. 이렇게 토론을 하며 케네디 대통령은 생각을 조리 있게 말하는 습관을 갖게 되었습니다.

어른이 되어 정치인이 된 케네디 대통령은 많은 사람 앞에서 연설을 하게 되었습니다. 말을 조리 있게 잘하는 케네디 대통령이었지만, 처음으로 연설을 했을 때는 사람들 앞에서 실수하면 어쩌나 하는 두려운 마음에 연설 중에 말을 더듬기도 했습니다. 이러한 두려움을 떨쳐버리고 자신 있고 당당한 모습으로 연설하기 위해 케네디 대통령은 끊임없이 연습했습니다. 그리고 마침내 훌륭한 연설가가 되었습니다.

단어 뜻 보기

주제 대화나 연구의 중심이 되는 문제
조리 말이나 글의 앞뒤가 어긋나지 않음
연설 여러 사람 앞에서 자신의 생각과 의견, 주장을 표현하는 것

1 어떤 주제나 문제에 대해 찬성편과 반대편으로 나뉘어 자기 생각을 이야기하는 것을 무엇이라고 하는지 찾아 쓰세요.

 **2** 다음 중 케네디 가족의 식사 시간 모습으로 바른 것은 무엇인가요?

① 가족들은 식사 중에 이야기를 나누지 않았다.

② 식사 전에 부모님이 신문 기사를 읽어 주었다.

③ 아이들은 자유롭게 이야기하다가 자주 싸웠다.

④ 아이들은 하나의 주제에 관해 폭넓게 이야기했다.

3 다음 중 이 글의 제목으로 가장 알맞은 것은 어느 것인가요?

① 산에 터널을 뚫으려는 사람들

② 환경을 보호하려는 사람들

③ 사람들 사이의 문제를 어떻게 해결하면 좋을까?

④ 케네디 대통령은 어떻게 훌륭한 연설가가 되었나?

03

● 어떤 사람이 훌륭한 발명가가 된다고 생각하나요?

예전에는 신호등이 초록색 신호가 얼마 남지 않았는데 잘 모르고 길을 건너다가 교통사고가 나는 경우가 많았습니다. 하지만 요즘은 초록색 표시가 한 칸씩 줄어들거나 남은 시간을 숫자로 표시해 주기 때문에 무척 편리합니다. 그런데 신호등의 이런 표시등을 발명한 사람이 바로 여러분과 같은 어린이란 사실을 알고 있나요?

이 발명품의 주인공인 대웅이는 어느 날 학교 앞 횡단보도를 건너다가 중간쯤에서 갑자기 신호등이 빨간색으로 바뀌는 바람에 도로 중간에 갇히고 말았습니다.

'언제 신호등이 바뀔지 알 수 있다면 안전할 텐데…….'

이런 생각을 하던 대웅이는 우연히 노래방 간판을 보게 되었습니다. 글자 위에서 아래로, 불이 차례로 깜박이며 들어오는 것을 본 순간, 신호등에도 불이 들어오는 칸을 여러 개 만들어서 차례로 줄어들게 하면 남은 시간을 알기 쉬울 거라는 생각이 떠올랐습니다.

실제로 대웅이가 발명한 예측 신호등은 우리나라 대부분의 횡단보도에 설치되었고, 지금도 우리 생활을 안전하고 편리하게 만들어 주고 있습니다.

여러분에게도 생활 속의 불편을 해결할 수 있는 새로운 생각이 있나요? 그렇다면 누구라도 멋진 발명가가 되어 대웅이처럼 다른 사람들을 도울 수 있답니다.

단어 뜻 보기

발명한 전에 없던 새로운 기술이나 물건을 만들어 낸 ⑧ 발명하다

예측 미리 짐작해 봄

설치 필요한 장치나 기계를 갖추는 것

★★★
내용
파악 **1** 꼬마 발명가 대웅이가 새롭게 만들어낸 것은 무엇인가요?

★★
내용
파악 **2** 대웅이는 무엇을 보고 발명품에 관한 생각을 얻었나요?

① 거실의 등이 깜빡이는 것

② 친구들이 손전등을 켰다 껐다 하는 것

③ 노래방 간판에 불이 차례로 들어오는 것

④ 컴퓨터를 켰을 때 화면에 불이 들어오는 것

★★
추론
하기 **3** 대웅이의 발명품으로 인해 어떤 변화가 생겼을까요?

① 횡단보도를 건널 수 있는 시간이 더 줄었다.

② 초록색 신호가 얼마 남지 않으면 기다렸다가 다음에 건너게 되었다.

③ 초록색 신호가 얼마 남지 않으면 횡단보도로 무조건 뛰어들게 되었다.

④ 초록색 신호가 남은 시간을 알려 주어도 교통사고는 늘어났다.

★★★
주제
이해 **4** 빈칸을 채워 글쓴이가 말하려는 내용을 완성해 보세요.

생활 속의 불편을 해결할 수 있는 새로운 ☐☐ 이 있다면

누구라도 멋진 ☐☐☐ 가 될 수 있습니다.

04

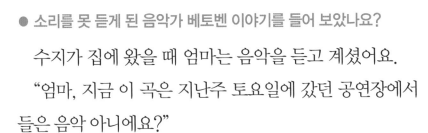

● 소리를 못 듣게 된 음악가 베토벤 이야기를 들어 보았나요?

수지가 집에 왔을 때 엄마는 음악을 듣고 계셨어요.

"엄마, 지금 이 곡은 지난주 토요일에 갔던 공연장에서 들은 음악 아니에요?"

"맞아, 기억하고 있구나. 베토벤이 작곡한 〈피아노 소나타 8번〉이야.

"그때 베토벤에 관해서 들은 이야기가 생각나요. 서른 살이 되기 전에 귀에 문제가 생겨서 결국 청력을 잃었지만, 좋은 음악을 많이 만든 훌륭한 음악가였다고요."

"그래. 음악가인데 못 듣게 되어서 처음에는 크게 좌절했지만, 음악을 포기할 수 없었기에 마지막까지 작곡을 했다고 해. 베토벤이 만든 곡 중에서 〈교향곡 9번〉은 귀가 아예 안 들리게 되었을 때 작곡한 교향곡이야. 이전의 교향곡들은 악기로만 연주했는데, 베토벤은 처음으로 교향곡에 합창을 넣었어. 베토벤이 이 곡을 쓴 다음 지휘를 했을 때의 일인데, 공연이 끝나고 많은 사람들이 손뼉을 쳤지만, 베토벤은 멍하니 서 있었대. 다른 사람의 도움으로 뒤를 돌아서 손뼉치는 사람들을 본 후에야 공연이 성공했다는 것을 알았다고 해."

수지는 소리를 들을 수 없는데 포기하지 않고 훌륭한 음악을 작곡한 베토벤이 정말 대단하다고 생각했어요. 그리고 베토벤처럼 어려움이 닥쳐도 포기하지 않고 꿈을 향해 계속 걸어가는 사람이 되어야겠다고 생각했어요.

단어 뜻 보기

청력 귀로 소리를 들을 수 있는 힘

좌절 소망이나 계획이 꺾이면서 자신감을 잃고 힘이 빠지는 것

교향곡 관악기, 현악기 등 수많은 악기로 연주하기 위해 작곡된 음악

합창 여러 사람이 파트를 나눠 화음을 이루어 부르는 노래

1 이 글은 누구에 관한 이야기인가요?

 **2** 음악가인 베토벤이 좌절했던 까닭은 무엇인가요?

① 소리를 들을 수 없어서

② 더 이상 곡을 쓰기 싫어서

③ 자신의 음악을 공연할 곳이 없어서

④ 사람들이 자신의 곡을 좋아하지 않아서

내용파악 3 다음 중 글의 내용으로 바르지 <u>않은</u> 것은 무엇인가요?

① 수지는 지난주 토요일에 공연장에 다녀왔다.

② 수지는 공연장에서 베토벤에 관한 이야기를 들었다.

③ 베토벤은 청력을 잃은 뒤에 작곡을 그만두었다.

④ 베토벤은 좋은 음악을 많이 만든 작곡가였다.

내용파악 4 다음 중 이 글에 가장 어울리는 제목은 무엇인가요?

① 엄마가 즐겨 듣는 베토벤의 곡

② 베토벤의 〈교향곡 9번〉

③ 베토벤의 눈물과 좌절

④ 어려움이 닥쳐도 포기하지 않은 베토벤

05

● 곤충을 좋아하나요?

프랑스의 가난한 집에서 태어나 가족을 위해 돈을 벌어야만 했던 파브르는 50대가 되어서야 비로소 자기가 꿈꾸던 곤충 연구를 시작하게 되었다.

낡은 집과 작은 책상이 전부였지만, 파브르는 끊임없이 곤충을 연구하여 84세에 이르러 열 권의 〈곤충기〉를 세상에 내놓았다. 그 당시에는 곤충의 표본을 종류별로 나누거나 해부하는 것이 일반적인 곤충 연구 방법이었으나, 파브르는 곤충의 살아있는 모습을 관찰하는 데 힘을 쏟았다. 파브르를 통해 그동안 몰랐던 곤충의 비밀스러운 이야기들이 세상에 알려졌고, 곤충 관찰은 곤충 연구의 새로운 방법으로 인정받게 되었다.

또한, 파브르는 곤충을 이로운 곤충, 해로운 곤충으로 나누는 것을 반대했다. 그는 인간이 매긴 가치에 따라 곤충의 종류를 나눠서는 안 된다고 주장했다.

곤충이 살아가는 모습을 있는 그대로 자세히 관찰하여써 내려간 파브르의 곤충기가 곤충을 해부해서 알게 된 사실만 늘어놓은 다른 책들보다 깊은 감동을 주는 이유는 곤충을 향한 파브르의 깊은 애정과 열정이 담겨 있기 때문이다.

단어 뜻 보기

곤충기 곤충을 관찰한 내용을 기록한 것

표본 생물의 몸 전체나 그 일부를 특정한 방법으로 처리해서 보존한 것

이로운 도움이 되는

가치 쓸모나 중요성

해부 생물의 몸을 갈라 몸의 구조를 파악하는 것

★ 내용 파악 **1** 파브르가 50대가 되어서야 비로소 시작하게 된 일은 무엇인가요?

연구

★★
내용
파악 **2** 파브르에 관한 설명 중 바른 것에는 ○를, 잘못된 것에는 ×를 표시하세요.

(1) 파브르는 84세에 총 여덟 권의 곤충기를 냈다. ( )

(2) 파브르의 꿈은 곤충을 연구하는 것이었다. ( )

(3) 파브르의 〈곤충기〉에는 곤충을 향한 애정이 담겨 있다. ( )

★★★
내용
파악 **3** 파브르가 무엇을 반대했는지 빈칸을 채워 보세요.

| | | 이 매긴 가치에 따라 곤충을 | | | | 곤충과

| | | | 곤충으로 나누는 것

★★
비교
하기 **4** 파브르가 살았던 시대의 일반적인 곤충 연구 방법과 파브르의 방법을 비교한 다음 알맞은 것에 ○를 표시하세요.

일반적인 방법	곤충 표본 나누기 ( )
	곤충 해부 ( )
	곤충의 살아있는 모습 관찰 ( )
파브르의 방법	곤충 표본 나누기 ( )
	곤충 해부 ( )
	곤충의 살아있는 모습 관찰 ( )

● 여러분의 꿈은 무엇인가요?

제 이름은 패트리샤 폴라코예요. 우리 가족은 저를 트리샤라고 불러요. 저의 어릴 적 이야기를 해 볼게요.

우리 부모님은 이야기 듣는 것을 좋아하는 저를 위해서 언제나 재미있는 책을 읽어 주었어요. 하지만 전 5학년이 될 때까지도 글을 못 읽었어요. 부모님은 그런 저를 격려해 주었죠.

"트리샤, 사람은 얼굴이 다르듯 재능도 모두 다르단다. 너도 너만의 장점을 찾게 될 거야."

그러나 친구들은 글을 읽지 못하는 저를 바보 같다고 놀렸어요. 저는 점점 학교 가는 게 무섭고 싫어졌어요.

저는 학교에서 늘 혼자였어요. 쉬는 시간이 되면 계단 아래에 있는 비밀장소에 숨어서 혼자 그림을 그리거나 상상을 하곤 했지요.

그런데 폴커 선생님을 만나면서부터 저에게도 변화가 생겼어요. 제가 그림을 그리고 있으면 폴커 선생님은 "대단한데! 트리샤, 넌 정말 그림을 잘 그리는구나! 이건 아주 특별한 재능이야!"라고 칭찬해 주셨어요. 선생님 덕분에 자신감도 붙었고, 학교 다니는 게 조금씩 즐거워졌어요.

폴커 선생님은 저와 놀이를 하며 글자를 알려 주셨어요. 마침내 제가 한 문장을 제대로 읽을 수 있게 되었을 때 저는 선생님의 눈가에 맺힌 눈물을 보았어요. 그날 저와 선생님은 함께 울었답니다.

여러분, 지금 저의 직업은 무엇일 것 같나요? 5학년 때까지 글도 못 읽던 소녀가 지금은 전 세계 어린이들을 위해 아름다운 글을 쓰는 동화작가가 되었답니다! 여러분도

단어 뜻 보기

격려 칭찬하는 말 등으로 힘이 나고 용기가 생기게 하는 것

재능 어떤 일을 하는 데 필요한 소질과 능력

1과 2과 3과 4과 5과 6과

모두 저처럼 보물 같은 재능을 가지고 있어요. 자신의 재능을 아직 발견하지 못했다면 지금부터 찾아보면 어떨까요?

**내용
파악** ★ **1** 글을 읽지 못하는 트리샤에게 친구들은 어떻게 하였나요?

① 글자를 가르쳐 주었다.

② 별로 신경 쓰지 않았다.

③ 바보라고 놀렸다.

④ 할 수 있다고 용기를 주었다.

**추론
하기** ★★★ **2** 왜 트리샤는 쉬는 시간이 되면 계단 밑에 숨었을까요?

① 글자를 배우는 게 귀찮아서

② 혼자서 조용히 책을 읽고 싶어서

③ 친구들이 놀려대는 게 싫어서

④ 원래 친구들을 별로 좋아하지 않아서

**내용
파악** ★★ **3** 트리샤가 글을 읽을 수 있게 된 데에는 누구의 도움이 가장 컸나요?

① 부모님 ② 폴커 선생님

③ 트리샤의 친구들 ④ 할아버지와 할머니

내용파악 ④ 이 이야기의 주인공인 트리샤는 자라서 무엇이 되었나요?

적용하기 ⑤ 이 이야기에서 얻을 수 있는 교훈에 알맞지 <u>않게</u> 말하는 친구는 누구일까요?

① 민우: 난 친구가 나보다 공부를 잘 못한다고 해서 놀리지 않을 거야. 그 친구가 나보다 더 잘하는 게 있을 거니까.

② 재인: 친구를 놀리는 아이들은 어른들께 일러서 야단을 맞아야 해. 그래야 그런 나쁜 행동을 고칠 수 있어.

③ 지호: 나를 이해해 주는 좋은 선생님을 만나는 것은 무척 중요한 것 같아. 나도 다른 사람의 장점을 칭찬해 주는 사람이 될래.

④ 동현: 사람은 누구나 자기만의 재능을 갖고 있으니까 남과 비교해서 실망할 필요가 없어.

⭐ 나만의 이야기 만들기 ⭐

여러분은 자라서 어떤 직업을 갖고 싶나요?
아래 그림 중 어른이 되어서 갖고 싶은 직업이 있는지 살펴보고
없으면 직접 그려 보세요. 그리고 미래의 내 모습을 상상해서 써 보아요.

1과
2과
3과
4과
5과
6과

경찰

교사

소방관

수의사

연예인

요리사

운동선수

미래의 내 모습을
그려 보세요!

나의 재능 :

내가 되고 싶은 것 :

 나는 자라서　　　　　　　이 되고 싶습니다.

◆ 정답은 없으니 자유롭게 써 보세요.

5과 재미있는 동물

동물에 관한 재미있는 이야기를 읽으며 우리 주변에 있는 동물들에게 관심을 갖고 사랑하는 마음을 실천해 봅시다.

목표

다음 독해 기술을 이용해 봅시다.

- ○ 낱말 이해하기
- ✓ **가리키는 말 알기**
- ✓ **글감 파악하기**
- ○ 주제 이해하기
- ✓ **내용 파악하기**
- ✓ **비교하기**
- ✓ **분류하기**/적용하기
- ✓ **원인과 결과 찾기**
- ○ 주장과 근거 나누기
- ○ 추론하기

교과서 연계
- [1학년 2학기] 국어 7단원 '무엇이 중요할까요?'
- [2학년 2학기] 국어 9단원 '주요 내용을 찾아요'
- [2학년 2학기] 겨울(통합) 2단원 '겨울 탐정대의 친구 찾기'

아래의 사진 힌트를 보고 가로, 세로 칸에 알맞은 동물과 식물의 이름을 써서 퍼즐을 완성해 보세요.

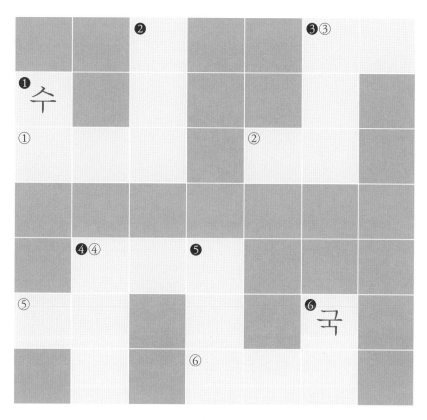

〈가로 힌트〉

〈세로 힌트〉

01

● 동물원에 갇혀 사는 동물들은 행복할까요?

나는 돌고래 제돌이예요. 나는 2009년 5월 제주 바다에서 불법으로 고래를 잡는 사람들에게 붙잡혀 돌고래쇼 공연장으로 팔려갔어요. 엄마, 아빠와 갑자기 헤어지게 되어서 너무너무 슬펐어요. 드넓은 푸른 바다를 자유롭게 헤엄치던 내가 좁은 수족관 안에 갇히게 되었으니 얼마나 답답하고 괴로웠을지 상상할 수 있겠죠?

그러던 어느 날 나에게도 희망이 생겼어요. 동물보호단체들이 불법으로 잡혀 온 내 이야기를 알게 되면서 제주 바다로 되돌려 보내자고 주장한 거예요.

바다로 돌아가기 전 3개월 동안은 바다에 잘 적응하기 위한 훈련을 했어요. 4년 넘게 사람들이 주는 먹이만 먹고 수족관에서 생활하던 내가 바다 생활에 다시 잘 적응할 수 있을지 걱정도 많이 되었어요.

드디어 2013년 7월, 차가운 바닷물 온도와 먹이 사냥에 완전히 적응한 나는 꿈에 그리던 제주 앞바다로 다시 돌아갈 수 있었어요. 지금은 자유롭게 바다를 헤엄치며 행복하게 잘 지내고 있어요. 앞으로 더 많은 동물이 나처럼 다시 자연으로 돌아가 행복하게 살면 정말 좋겠어요.

단어 뜻 보기

불법 법을 어기는 것
드넓은 활짝 트이고 아주 넓은
적응 환경에 맞추어 잘 어울리는 것

1 이야기 속의 주인공인 제돌이는 어떤 동물인가요?

 **2** 제돌이는 왜 가족들과 헤어지게 되었나요?

① 적응하지 못해서 다른 곳으로 쫓겨났다.

② 먹이가 부족하여 더 넓은 바다로 떠났다.

③ 길을 잃어버려서 집으로 돌아가지 못했다.

④ 불법으로 고래를 잡는 사람들에게 붙잡혔다.

3 제돌이에 관한 설명으로 바른 것에는 ○를, 잘못된 것에는 ×를 표시하세요.

(1) 제돌이는 원래 제주 바다에서 살고 있었다. (　　　)

(2) 제돌이는 9년간 수족관에서 보살핌을 받으며 살았다. (　　　)

(3) 제돌이는 바다로 돌아가기 전에 적응 훈련을 받았다. (　　　)

 4 글을 읽고 빈칸에 알맞은 낱말을 찾아 쓰세요.

차가운 바닷물의

 와

 에

적응이 끝난 뒤에 제돌이는 원래 살던 곳으로 되돌아갔다.

02

● 고양이 수염의 비밀을 알고 있나요?

〈고양이 수염, 절대 자르지 마세요!〉

고양이를 정면에서 보면 수염의 길이가 고양이 몸의 너비와 비슷하며 사방으로 나 있는 것을 알 수 있어요. 고양이의 수염은 몸의 다른 털보다 세 배 정도 몸속 깊이 박혀 있어서 굉장히 예민해요. 그러한 수염은 공간의 크기와 넓이를 재는 역할을 해요. 그래서 고양이들은 자기가 통과할 수 있는 공간인지 알아볼 때 수염이 있는 머리를 먼저 넣었다가 빼보고 결정을 하지요. 그리고 고양이의 수염은 물체에 닿으면 그것의 모습과  크기도 알 수 있어요. 그래서 눈을 가려도 수염을 사용해 장애물을 피해 갈 수 있어요. 정말 신기하지요?

〈공으로 변신하는 세띠 아르마딜로〉

 남미에 사는 세띠 아르마딜로는 '갑옷을 두른 동물'이라는 뜻으로 뾰족한 코와 단단한 등껍질이 특징이에요. 단단한 등껍질로 덮인 머리, 꼬리, 어깨, 엉덩이는 잘 보호되지만, 아래쪽의 가슴과 배는 쉽게 공격을 당할 수 있어요. 그래서 적이 나타나면 가슴과 배를 보호하기 위해 재빠르게 자신의 몸을 공처럼 둥글게 말아요. 사람이 힘주어 펴려고 해도 잘 펼 수 없을 만큼 아주 강하게 말 수 있지요. 변신한 세띠 아르마딜로를 공인 줄 알고 뻥 차지 않도록 조심하세요!

단어 뜻 보기

너비 물체의 가로 길이

사방 여러 곳, 모든 곳

재는 길이나 무게 등을 알아보는 ㉿ 재다

장애물 가로막아서 방해가 되는 것

116

★★★
내용 파악 **1** 고양이 수염이 어떤 역할을 하는지 알맞은 말로 빈칸을 채워 보세요.

공간의 [ ][ ] 와 [ ][ ] 를 재고,

[ ][ ][ ] 을 피할 수 있게 한다.

★★★
내용 파악 **2** 다음 중 고양이에 대한 설명으로 바르지 <u>않은</u> 것은 무엇인가요?

① 고양이의 수염은 다른 털보다 세 배 정도 깊이 박혀 있다.

② 고양이의 눈을 가리면 수염이 있어도 여기저기 부딪힌다.

③ 고양이의 수염 길이는 몸의 너비와 비슷하다.

④ 고양이는 공간을 통과하기 전에 머리를 먼저 넣어 본다.

★★★
내용 파악 **3** 세띠 아르마딜로에 관한 설명으로 바른 것에는 ○를, 잘못된 것에는 ×를 표시
하세요.

(1) 수염이 사방에 많이 나 있다. ( )

(2) 배와 가슴에 단단한 껍질이 있다. ( )

(3) 머리와 꼬리, 어깨를 잘 보호할 수 있다. ( )

★★
원인과 결과 찾기 **4** 글에서 알맞은 말을 찾아 아래 표를 채워 보세요.

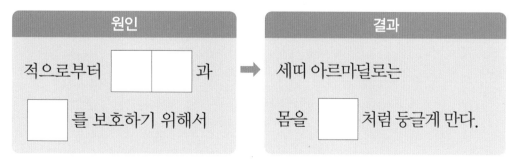

원인	결과
적으로부터 [ ][ ] 과 [ ] 를 보호하기 위해서	세띠 아르마딜로는 몸을 [ ] 처럼 둥글게 만다.

03

● 동물들은 자신의 몸을 어떻게 지킬까요?

서로 먹고 먹히는 동물의 세계에서 동물들은 자신의 몸을 독특한 방법으로 지킨다. 자신을 잡아먹는 적과 마주쳤을 때 동물들이 가장 많이 사용하는 방법은 재빠르게 도망치는 것이다. 하지만 달리기 속도가 느린 동물이나 작고 약한 동물들은 적으로부터 쉽게 도망치지 못한다. ㉠이러한 동물들은 보통 적의 눈에 띄지 않도록 자신의 몸 색깔이나 무늬를 주위와 비슷하게 바꾼다.

예를 들어, 문어는 바위에 붙으면 바위 색으로 변하고, 산호 옆에 있으면 산호색으로 변하는 등 주변 환경에 따라서 몸 색깔을 바꾼다.

이 밖에도 독특한 방법으로 자신을 보호하는 동물로는 다람쥐가 있다. 다람쥐는 방울뱀이 벗어놓은 허물에 몸을 문질러 뱀의 냄새를 몸에 묻혀서 자기 냄새를 감춘다. 다람쥐가 자기 몸을 지키는 또 다른 방법은 꼬리에 열을 모으고 열심히 흔드는 것이다. 방울뱀은 상대방의 몸에서 나는 열로 자기보다 작은 먹잇감을 찾아내서 잡아먹는데, 다람쥐가 열심히 꼬리를 흔들면 방울뱀은 다람쥐를 자기보다 몸이 큰 동물이라고 생각해서 쉽게 공격하지 않는다.

다람쥐

문어

단어 뜻 보기

독특한 남과 특별히 다른
산호 따뜻하고 얕은 바닷속에서 나뭇가지 모양으로 모여서 사는 동물
허물 파충류나 곤충 등이 자라면서 벗는 껍질

★★
글감
파악 **1** 이 글에서 주로 이야기하고 있는 것은 무엇인가요?

① 사람들이 좋아하는 동물들

② 서로 먹고 먹히는 동물들의 세계

③ 동물들이 자신의 몸을 지키는 방법

④ 자신의 몸을 아름답게 꾸미는 동물들

★★★
가리키는
말 알기 **2** 밑줄 친 ㉠이러한 동물들은 어떠한 동물들을 말하는 것인가요?

① 느리거나 작고 약한 동물들　　② 겉모습이 아름다운 동물들

③ 달리기 속도가 빠른 동물들　　④ 덩치가 크고 힘이 센 동물들

★★
내용
파악 **3** 글을 읽고 빈칸에 들어갈 알맞은 말을 찾아 쓰세요.

문어는 주변 [　　][　　] 에 따라서 몸 [　　][　　] 을 바꾼다.

★★
내용
파악 **4** 다람쥐가 방울뱀으로부터 자기 몸을 지키기 위해 어떤 방법을 쓰는지 알맞은
말을 찾아 빈칸을 채우세요.

다람쥐가 방울뱀으로부터 자기 몸을 지키는 방법

냄새를 속이기	열로 몸집 속이기
방울뱀이 벗어놓은 [　　][　　] 에 자기 몸을 문질러 뱀 냄새가 나게 한다.	[　　][　　] 에 열을 모으고 흔들어 몸이 큰 동물인 것처럼 느껴지게 한다.

04

● 달걀에서 어떻게 병아리가 태어날까요?

우리가 태어나기 전에 엄마 배 속에서 자란 것처럼 병아리도 달걀 속에서 조금씩 조금씩 자랍니다. 달걀 속 노른자위 안에는 병아리가 태어날 때까지 필요한 영양물질이 들어있기 때문에 병아리는 어미의 젖을 먹지 않아도 잘 자랄 수 있습니다. 달걀껍데기는 아주 단단해서 암탉이 달걀 위에 앉아서 품어도 깨지지 않습니다. 그리고 알 속의 병아리는 말랑말랑한 흰자위가 둘러싸서 보호하기 때문에 안전합니다.

드디어 3주(21일)가 지나면 암탉이 정성껏 품은 달걀 속에서 삐악삐악하며 병아리가 나옵니다. 병아리 부리 끝에는 쌀알 정도 크기의 단단하고 뾰족한 돌기가 있는데 이것을 '난치'라고 합니다. 단단한 달걀껍데기를 뚫기 위해서는 부리 끝의 난치로 10~20시간을 쉬지 않고 쪼아야만 구멍을 뚫고 나올 수 있습니다. 자기 힘으로 알을 깨고 세상 밖으로 나오는 병아리들의 모습이 참 멋지지요?

단어 뜻 보기

노른자위 알의 흰자위에 둘러싸인 노란 부분

영양물질 생물이 자랄 수 있는 영양분이 담겨 있는 것

품어도 품속에 넣어두어도 ⑧ 품다

돌기 뾰족하게 나와 있거나 도드라지게 나온 부분

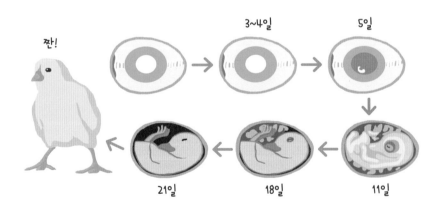

내용파악 ★★ 1 이 글은 무엇을 설명한 글인가요?

☐☐ 에서 ☐☐☐ 가 태어나는 과정

내용파악 ★★ 2 달걀 속에 있는 병아리는 어떻게 영양물질을 얻나요?

① 암탉의 젖을 먹고

② 암탉이 알 속으로 영양물질을 넣어 주어서

③ 달걀껍데기에 들어있는 영양물질을 먹고

④ 달걀 속 노른자위 안에 있는 영양물질을 먹고

내용파악 ★★★ 3 다음 중 글의 내용으로 바르지 <u>않은</u> 것은 어느 것인가요?

① 3주가 지나면 달걀 속에서 병아리가 나온다.

② 암탉이 알을 품을 때 쉽게 깨지므로 조심해야 한다.

③ 말랑말랑한 흰자위가 달걀 속의 병아리를 보호한다.

④ 달걀껍데기를 부리 끝으로 열심히 쪼아야 나올 수 있다.

내용파악 ★★ 4 다음 빈칸에 <u>공통으로</u> 들어갈 낱말을 찾아 쓰세요.

• ☐☐ : 병아리 부리 끝에 있는 쌀알만 한 크기의 단단하고
뾰족한 돌기

• 병아리는 ☐☐ 로 10~20시간 달걀껍데기에 구멍을 뚫고

밖으로 나온다.

05

● 꿀벌들은 서로 어떻게 대화를 할까요?

　잠자리, 호랑나비, 두루미 등 하늘을 나는 곤충이나 새는 보통 짝짓기를 하기 전에 춤을 춘다. 주로 수컷이 마음에 드는 암컷의 사랑을 얻기 위해 열심히 춤을 춘다. 이렇듯 동물 세계에서 춤추는 행동은 짝짓기와 관련이 있는데, 꿀벌은 조금 다른 이유로 춤을 춘다.

　여럿이 모여 함께 생활하는 꿀벌은 춤으로 대화를 할 수 있다. 여기저기 날아다니며 꿀을 찾는 탐색벌은 맛 좋은 꽃가루와 꿀이 잔뜩 담겨있는 꽃을 발견하면 혼자서 다 가져갈 수 없으므로 다른 동료들을 부르러 간다. 탐색벌이 집으로 돌아오면 동료 일벌들이 탐색벌을 빙 둘러싼다. 탐색벌은 입안에 있던 꿀을 뱉어내고는 춤을 추기 시작한다.

　탐색벌이 추는 원 모양의 춤은 동료들에게 집 근처에서 꿀이 많은 곳을 발견했으니 어서 가서 꿀을 모아오자는 신호다. 꿀이 멀리 떨어져 있을 때는 원 모양 춤 대신에 엉덩이를 흔들며 8자 모양의 춤을 춘다. 집으로부터 꿀이 있는 곳까지의 거리에 따라 8자 춤을 추는 속도가 달라진다. 꿀이 있는 꽃이 조금 멀리 있으면 8자 춤을 빠르게 여러 번 추고, 아주 멀리 떨어져 있으면 천천히 몇 번만 춘다.

단어 뜻 보기

짝짓기 동물의 암컷과 수컷이 자손을 낳기 위해 관계를 맺는 일

탐색벌 다른 벌들보다 먼저 나가서 꿀을 찾는 일벌

동료 같은 직장이나 조직에서 함께 일하는 사람

1 이 글에서 설명하고 있는 것은 무엇인가요?

꿀벌의 ☐

 2 탐색벌은 왜 동료 일벌들에게 날아와 춤을 추나요?

① 짝짓기를 하고 싶어서

② 맛 좋은 꿀을 함께 모으러 가자고

③ 너무 지쳐서 꿀을 좀 달라는 뜻으로

④ 동료들과 함께 신나는 춤을 추고 싶어서

 3 벌이 춤추는 방식과 춤의 의미를 선으로 이어 보세요.

(1)  •   • (ㄱ) "좀 먼 곳에 꿀이 있어!"

(2)  •   • (ㄴ) "아주 가까이에 꿀이 있어!"

 4 〈보기〉에서 알맞은 말을 골라 빈칸에 쓰세요.

〈보기〉

속도	거리	빠르게	천천히

꿀이 있는 곳과의 (   )에 따라서 탐색벌이 추는 8자 춤의
(   )가 달라진다. 꿀이 있는 꽃이 조금 멀리 있으면
8자 춤을 (   ) 여러 번 추고, 아주 멀리 있으면
8자 춤을 (   ) 몇 번만 춘다.

● 육식 공룡과 초식 공룡은 어떻게 다를까요?

　공룡은 식성에 따라서 육식 공룡과 초식 공룡으로 나눈다.

　육식 공룡은 고기를 뜯어 먹거나 사냥을 하기 위해 대부분 뾰족한 이빨과 날카로운 발톱을 가지고 있었다. 육식 공룡 가운데 가장 무서운 공룡으로 알려진 티라노사우루스는 몸집이 아주 컸고, 50개나 되는 이빨과 날카로운 발톱이 있었다. 티라노사우루스는 이빨과 발톱, 그리고 커다란 꼬리를 이용하여 사냥을 매우 잘했다.

　육식 공룡은 알이나 갓 태어난 약한 새끼를 많이 잡아먹었다. 큰 육식 공룡은 작은 육식 공룡이 사냥한 먹이를 빼앗거나 훔치기도 하고, 죽은 동물을 먹기도 했다. 벨로키랍토르처럼 작은 육식 공룡은 여럿이 모여 함께 사냥했다. 벨로키랍토르는 날카로운 이빨의 끝부분과 안쪽으로 휘어진 뒷다리 발톱을 사용해 잡은 사냥감을 놓치지 않았다.

　초식 공룡은 풀이나 열매, 나뭇잎 등을 먹었다. 날카로운 발톱이나 이빨은 없었지만, 육식 공룡으로부터 자신의 몸을 지키기 위한 특별한 무기가 있었다. 디플로도쿠스는 아주 긴 꼬리를 채찍처럼 휘둘러서 육식 공룡이 다가오지 못하게 막았고, 스테고사우루스는 꼬리 끝에 있는 날카로운 침으로 자신을 지켰다. 트리케라톱스는 머리에 있는 세 개의 커다란 뿔로 적을 들이받기도 했다. 파라사우롤로푸스는 주변 풀과 비슷한 피부 색깔로 자신의 몸을 보호했고, 적이 오는지 멀리까지도 잘 살필 수 있었다.

티라노사우루스

벨로키랍토르

스테고사우루스

단어 뜻 보기

식성 동물이 어떤 먹이를 좋아하거나 싫어하는지 나누는 기준

들이받기도 머리를 들이대어 받거나 부딪치기도 웬 들이받다

채찍 말이나 소 등을 모는 데 쓰기 위해 나무 막대기에 가죽끈 등을 매달아 만든 도구

1 이 글에서 공룡을 어떤 기준에 따라 나누었나요?

① 공룡의 식성

② 공룡의 크기

③ 공룡의 무기

④ 공룡의 사냥 방법

 2 다음 중 티라노사우루스에 관한 설명으로 바르지 <u>않은</u> 것은 무엇인가요?

① 커다란 꼬리를 이용하여 사냥을 잘한 공룡이다.

② 육식 공룡 가운데 가장 무서운 공룡으로 알려져 있다.

③ 이빨이 50개 정도 있었고 발톱은 날카로웠다.

④ 몸집이 크지 않았고 여럿이 모여 함께 사냥했다.

 3 알맞은 초식 공룡의 이름을 써서 아래 표를 채워 보세요.

이름	초식 공룡의 특징
(1) ( )	피부색이 주변의 풀색과 비슷하다.
(2) ( )	세 개의 큰 뿔로 적을 들이받는다.
(3) ( )	꼬리 끝의 날카로운 침을 사용한다.
(4) ( )	긴 꼬리를 채찍처럼 휘두른다.

4 아래 공룡들을 육식 공룡과 초식 공룡으로 나누어 표에 기호로 쓰세요.

| ㉠ 벨로키랍토르 | ㉡ 디플로도쿠스 | ㉢ 스테고사우루스 |
| ㉣ 티라노사우루스 | ㉤ 파라사우롤로푸스 | ㉥ 트리케라톱스 |

육식 공룡	초식 공룡

5 다음은 육식 공룡과 초식 공룡의 특징을 비교해서 정리한 표입니다. 빈칸에 들어갈 알맞은 말을 〈보기〉에서 찾아 쓰세요.

육식 공룡의 특징	초식 공룡의 특징
• 무기: (1)( ) 이빨과 날카로운 (2)( )이 있었다. • 먹이: 알이나 약한 새끼, 죽은 동물, 작은 공룡이 사냥한 먹이를 빼앗아서 먹었다.	• 무기: (3)( )으로부터 자기 몸을 지키기 위한 특별한 무기가 있었다. • 먹이: (4)( )이나 열매, 풀 등을 먹었다.

〈보기〉

| 나뭇잎 | 육식 공룡 | 뾰족한 | 발톱 |

☆ 나만의 이야기 만들기 ☆

다음 중 여러분 마음에 드는 동물은 무엇인가요?
좋아하는 동물을 책이나 인터넷에서 찾아 간단히 소개해 보세요.

늑대

고슴도치

판다

너구리

악어

도마뱀

낙타

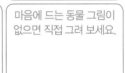
마음에 드는 동물 그림이
없으면 직접 그려 보세요.

• 사는 곳 :

• 주로 먹는 것 :

• 특징 :

• 멋진 점 :

◆ 정답은 없으니 자유롭게 써 보세요.

6과 자연과 환경

우리는 왜 자연을 보호해야 할까요? 그 이유를 알아 보고, 자연과 환경을 잘 지키기 위해서는 어떻게 해야 할지 생각해 봅시다.

목표

다음 독해 기술을 이용해 봅시다.

- ✅ **낱말 이해하기**
- ○ 가리키는 말 알기
- ✅ **글감 파악하기**
- ○ 주제 이해하기
- ✅ **내용 파악하기**
- ○ 비교하기
- ○ 분류하기/적용하기
- ✅ **원인과 결과 찾기**
- ✅ **주장과 근거 나누기**
- ○ 추론하기

교과서 연계
- [1학년 1학기] 봄(통합) 2단원 '도란도란 봄 동산'
- [1학년 1학기] 여름(통합) 2단원 '여름 나라'
- [2학년 2학기] 여름(통합) 2단원 '초록이의 여름 여행'
- [2학년 2학기] 국어 9단원 '주요 내용을 찾아요'
- [2학년 2학기] 겨울(통합) 2단원 '겨울 탐정대의 친구 찾기'

다음 그림을 보고 관련이 있는 환경 오염과 그러한 오염을 줄이는 방법으로 알맞은 것을 선으로 이어 보세요.

(ㄱ) (ㄴ) (ㄷ)

| 공기의 오염 | 땅의 오염 | 물의 오염 |

(가) (나) (다)

| 잘 썩지 않는 일회용품을 사용하지 않고, 땅에 묻는 쓰레기양을 줄입니다. | 더러운 물이 바다나 강으로 그냥 흘러 들어가지 않도록 깨끗하게 걸러서 내보냅니다. | 공장과 자동차에서 나오는 매연을 줄이도록 노력합니다. |

드디어 마지막이다! 독해 실력이 쑥쑥 크는 것 같아!

포기하지 않으니까 끝까지 왔네

기초가 탄탄해야 돼.

01

● 봄에는 어떤 꽃이 필까요?

혜준이네 반 친구들은 요즘 봄에 관해 공부하고 있습니다. 이번 시간에는 봄꽃을 한 가지씩 조사한 후에 발표하기로 하였습니다.

벚꽃

진달래꽃

개나리꽃

지은 저는 벚꽃을 조사했습니다. 벚꽃은 흰색 또는 연분홍색으로, 봄이 되면 전국의 산과 들에 피어납니다. 우리나라에서는 매년 4월이 되면 벚꽃 구경을 하러 사람들이 벚꽃이 예쁘게 피는 곳으로 모입니다. 꽃잎은 차로 마시기도 하고 벚나무의 껍질은 활을 만드는 데 쓰이기도 합니다.

채연 저는 진달래꽃에 대해 발표하겠습니다. 진달래꽃은 연분홍색이거나 밝은 빨간색으로 4~5월에 피며, 잎보다 꽃이 먼저 피는 것이 특징입니다. 예로부터 우리나라 사람들은 새콤한 맛이 나는 진달래꽃을 전으로 부쳐 먹었습니다. 먹거리가 귀했던 옛날에, 사람들은 먹거리의 즐거움을 준 진달래꽃을 '참꽃'이라고 부르기도 했습니다.

혜준 저는 개나리꽃에 대해 발표하겠습니다. 개나리는 4월이 되면 잎겨드랑이에서 노란색 꽃이 1~3개씩 피어납니다. 꽃받침은 네 갈래이며 녹색을 띱니다. 병충해와 추위에 잘 견뎌 산울타리 용으로 많이 심기 때문에 우리 주변에서도 흔히 볼 수 있습니다.

단어 뜻 보기

전국 온 나라

잎겨드랑이 식물의 가지 또는 줄기에 잎이 난 부분의 위

갈래 하나에서 둘 이상으로 갈라져 나간 낱낱의 부분

병충해 농작물이 병과 해충으로 인하여 입은 피해

산울타리 살아있는 나무를 촘촘히 심어 만든 울타리

★★
글감 **1** 혜준이네 반 친구들은 무엇을 조사하여 발표했나요?
파악

┌─────┬─────┐
│   │   │
└─────┴─────┘

★★
내용 **2** 꽃과 꽃의 특징을 바르게 선으로 이어 보세요.
파악

(1) 꽃의 색깔은 흰색 또는 연분홍색이며,   • (ㄱ) 개나리꽃
　　 꽃잎을 차로 마시기도 한다. •

(2) 잎보다 꽃이 먼저 피며,   • (ㄴ) 벚꽃
　　 4~5월에 꽃이 핀다. •

(3) 잎겨드랑이에서
　　 노란색 꽃이 1~3개씩 핀다. •   • (ㄷ) 진달래꽃

★★★
내용 **3** 글의 내용에 관한 설명으로 바른 것에는 ○를, 잘못된 것에는 ×를 표시하세요.
파악

(1) 개나리는 병충해와 추위에 강해서 껍질로 활을 만들었다.　（　　　）

(2) 진달래꽃은 전으로 부쳐 먹었고, '참꽃'이라고도 불렀다.　（　　　）

(3) 매년 7월이 벚꽃을 구경하기 가장 좋은 시기이다.　　　　（　　　）

02

● 깨끗한 공기를 얻기 위해 무엇을 할 수 있을까요?

은이는 가족과 함께 공원으로 산책하러 나갔어요. 은이가 사는 지역에는 도시 한 가운데에 나무가 많은 큰 공원이 자리 잡고 있어요.

"아빠, 공원에 왜 이렇게 나무를 많이 심었어요?"

은이는 공원에 우거진 나무들을 바라보며 물었어요.

"사람은 숨을 쉴 때 산소를 들이마시고 이산화탄소를 내뱉어. 그런데 나무는 고맙게도 공기 중에 있는 이산화탄소를 빨아들이고, 우리에게 깨끗한 산소를 내뿜어 주지. 요즘같이 미세먼지가 많을 때는 그런 먼지까지 없애 주기도 하니까 이렇게 나무를 많이 심는 거란다."

아빠께서는 은이에게 나무를 심는 것이 얼마나 중요한 것인지 말씀해 주셨어요.

요즘은 아침마다 엄마가 미세먼지 상태가 어떤지 검색하신 후에 '나쁨'인 날에는 언니와 은이에게 마스크를 꼭 챙겨 주세요. 마스크를 하고 있으면 답답해서 벗어버리고 싶지만 미세먼지가 심한 날에는 어쩔 수 없이 꼭 참아야 해요.

은이는 공원의 푸른 나무들을 바라보며 생각했어요. 마스크를 하지 않고도 마음껏 뛰어놀 수 있는 세상이 되도록 나무를 많이 심어서 공기 오염을 줄여야겠다고 말이에요.

단어 뜻 보기

우거진 울창하게 자란
⑱ 우거지다
미세먼지 눈에 보이지 않을 만큼 작은 먼지로, 몸에 들어가면 여러 질병을 일으킴
오염 공기, 물, 땅 등을 더럽고 나쁘게 만드는 것

내용 파악 ★ **1** 이 글에 알맞은 제목을 써 보세요.

고마운 ⬚⬚

주장과 근거 나누기 ★★★ **2** 글에서 아래 주장을 뒷받침할 수 있는 근거를 찾아 빈칸을 완성해 보세요.

> **주장: 공원에 나무를 더 많이 심어야 한다.**
>
> 근거:
>
> (1) 나무는 공기 중의 ⬚⬚⬚⬚ 를
>
> 빨아들인다.
>
> (2) 나무는 깨끗한 ⬚⬚ 를 내뿜는다.
>
> (3) 나무는 ⬚⬚⬚ 를 없애 준다.

내용 파악 ★★ **3** 은이는 공원의 나무들을 보면서 무슨 생각을 했나요?

① 공원에 나무를 많이 심을 필요가 없다.

② 공기 오염을 줄이기 위해 나무를 더 많이 심자.

③ 공원에 나무가 너무 많아서 답답하다.

④ 나무가 미세먼지를 별로 없애는 것 같지 않다.

03

● 우리나라의 여름철 날씨는 어떤가요?

여름이 되면 해가 길어지고 햇살이 쨍쨍 내리쬐며 무덥습니다. 무더운 여름 날씨를 이겨내기 위해 사람들은 시원한 수박이나 냉면, 팥빙수 등을 먹습니다. 그리고 바닷가나 수영장, 또는 산으로 가서 더위를 식힙니다. 추울 정도로 선풍기나 에어컨을 많이 사용하다가 감기에 걸리기도 합니다.

우리나라의 여름철 날씨는 덥기만 한 것이 아니라 습하기도 합니다. 7월쯤에 장마가 시작되는데, 이때 한 달 정도 계속 비가 내립니다. 이 기간에는 날씨가 습해서 음식이 쉽게 상하므로 식중독에 걸리지 않게 조심해야 합니다.

여름에는 태풍도 옵니다. 태풍이 오면 거센 비바람 때문에 나무가 쓰러지거나 간판이 떨어져서 사람들이 크게 다치기도 합니다. 집이나 도로가 물에 잠기거나 애써 키운 농작물이 큰 피해를 보고, 종종 산사태가 일어나기도 합니다. 태풍이 올 때는 건물 안이나 안전한 곳으로 몸을 피해야 합니다. 그리고 날씨 속보에 귀를 기울이고 대비해야 합니다.

이렇듯 변화가 많은 여름철 날씨에 잘 대비해야 모두가 안전하고 건강하게 여름을 날 수 있습니다.

단어 뜻 보기

철 일 년을 봄, 여름, 가을, 겨울의 네 개의 기간으로 나누었을 때의 한 시기

태풍 태평양 남서부에서 발생해 우리나라 방향으로 불어오는 바람. 폭풍우와 해일 등으로 큰 피해를 입힘

속보 빨리 알리는 소식

대비 앞으로 일어날 수 있는 일을 예상해 미리 준비하는 것

1 이 글은 주로 무엇을 이야기하고 있나요?

① 여름에 주로 먹는 음식

② 태풍의 피해

③ 여름에 흔히 가는 곳

④ 여름철 날씨

 2 7월쯤 시작해서 한 달 정도 계속 오는 비를 무엇이라고 하나요?

 **3** 다음 중 여름철 날씨에 관한 내용으로 알맞지 <u>않은</u> 것은 무엇인가요?

① 여름에는 식중독에 걸리기 쉽다.

② 여름이 되면 무더운 날이 많아진다.

③ 태풍 때문에 농작물이 피해를 보지는 않는다.

④ 덥다가 비가 많이 오는 등 여름철 날씨는 변화가 많다.

4 글을 읽고 〈보기〉에서 알맞은 말을 골라 빈칸을 채우세요.

〈보기〉

날씨　　　　안전　　　　건물

여름철에 태풍이 올 때는 (　　　　) 안이나 (　　　　)한 곳으로 피하고, (　　　　) 속보에 귀를 기울여야 합니다.

04

● 음식물 쓰레기를 어떻게 줄일 수 있을까요?

요즘 학교 식당에서 남은 음식물 버리는 곳을 보면 많은 음식물 쓰레기가 쌓여 있습니다. 음식물 쓰레기는 처리하는 데 많은 돈이 들며, 악취도 심하고, 음식물 쓰레기에서 나온 폐수는 심각한 환경문제를 일으킵니다.

저는 음식물 쓰레기를 줄이기 위하여 다음과 같은 노력을 해야 한다고 생각합니다.

(가) 첫째, 급식 시간에는 자기가 먹을 수 있는 양만큼만 받아야 합니다. 급식을 주시는 아주머니들께 자기가 원하는 양을 미리 말씀드리면 음식을 남기는 일을 줄일 수 있습니다.

(나) 둘째, 집에서 식사할 때 너무 많은 음식을 준비하여 남기는 일이 없도록 하고, 가족의 먹는 양을 생각하여 알맞은 양만 준비해야 합니다.

(다) 셋째, 음식물 쓰레기는 최대한 물기를 없애고 내어 놓도록 합니다.

(라) 넷째, 밖에서 음식을 사 먹을 때는 먹을 수 있는 만큼만 주문하며, 혹시 음식이 남으면 포장해서 집으로 가져옵니다.

집, 학교, 음식점 등에서 이런 노력을 할 때 환경을 오염시키는 음식물 쓰레기를 조금이라도 줄일 수 있을 것입니다.

단어 뜻 보기

악취 나쁜 냄새

폐수 오염되어서 버리는 물

1 빈칸을 채워 글쓴이의 주장과 근거를 정리해 보세요.

주장: (1) ⬜⬜⬜ ⬜⬜⬜ **를 줄이자.**

근거: (2) 처리에 많은 ⬜ 이 든다.

(3) 음식물 쓰레기에서 나는 ⬜⬜ 가 심하다.

(4) 음식물 쓰레기에서 흘러나온 ⬜⬜ 는
심각한 환경문제를 일으킨다.

 2 (가)~(라) 중 학교에서 나오는 음식물 쓰레기를 줄이는 방법을 설명한 것은 무엇인가요?

① (가)　　　② (나)　　　③ (다)　　　④ (라)

 3 (가)~(라) 중 음식점에서 나오는 음식물 쓰레기를 줄이는 방법을 설명한 것은 무엇인가요?

① (가)　　　② (나)　　　③ (다)　　　④ (라)

05

● 하루 동안 내가 사용하는 물의 양은 얼마나 될까요?

우리나라에서는 1인당 하루 평균 약 332ℓ[리터]의 물을 사용합니다. 이것은 2ℓ 생수병 약 166병과 같은 양입니다. 숫자로만 보면 감이 안 올 수도 있지만 그림으로 보니 어느 정도 양인지 이해가 되지

약 332ℓ

2ℓ 기준 약 166병

요? 우리나라가 미국, 일본 다음으로 물을 많이 쓴다고 합니다.

그런데 오랫동안 비가 내리지 않아서 물이 부족해지면 지금처럼 마음껏 물을 쓸 수 없게 됩니다. 이러한 물 부족 상황에 대비하기 위해 댐이나 저수지에 물을 저장해 놓지만, 우리도 미리미리 물을 아껴 쓰는 습관을 들여야 합니다.

우리가 사용하는 물의 양을 줄이려면 생활 속에서 작은 것부터 실천해야 합니다. 양치질이나 세수를 할 때 물을 받아서 쓰고, 욕조에서 목욕하기보다 샤워를 하면 사용하는 물의 양이 많이 줄어듭니다. 또 변기 물탱크에 벽돌이나 무거운 물병을 넣어두면 물을 내릴 때마다 쓰는 물의 양이 절약됩니다. 세탁기에 빨래할 때는 빨아야 할 것들을 한꺼번에 모아서 돌리고, 세제를 조금만 넣으면 물을 덜 쓸 수 있습니다.

우리가 모두 함께 노력해서 소중한 물을 아끼면 좋겠습니다.

단어 뜻 보기

댐 물을 이용할 목적으로 강이나 바닷물을 막아 두려고 쌓은 둑

저수지 물을 모아 두기 위하여 하천이나 골짜기를 막아 만든 큰 못

1 글쓴이가 주장하는 내용을 완성해 보세요.

소중한 ☐ 을 ☐ ☐ 쓰자.

2 다음 중 글의 내용으로 알맞지 <u>않은</u> 것은 어느 것인가요?

① 우리나라는 만약을 위해 댐에 물을 저장하고 있다.

② 우리나라는 미국, 일본보다 물을 많이 쓴다.

③ 우리나라도 비가 안 오면 물이 부족해질 수 있다.

④ 우리나라는 1인당 하루 평균 약 332ℓ의 물을 사용한다.

3 각 상황과 물의 양을 줄일 수 있는 알맞은 방법을 선으로 이어 보세요.

(1) 이를 닦을 때 •   • (ㄱ) 빨래를 한꺼번에 모아서 하기

(2) 목욕할 때 •   • (ㄴ) 변기 물탱크 안에 벽돌 넣어 두기

(3) 소변볼 때 •   • (ㄷ) 컵에 물을 받아서 쓰기

(4) 빨래할 때 •   • (ㄹ) 욕조에서 목욕하기보다 샤워하기

● 북극곰이 큰 어려움에 빠져 있다는 소식을 들은 적 있나요?

안녕!

나는 북극에 사는 북극곰이야. 내가 사는 곳은 무척 추워서 바닷물이 얼 정도야. 하지만 걱정하지 마. 우리 북극곰들은 이렇게 추운 날씨를 좋아하거든. 우린 얼음 위에 살면서 바다표범을 사냥해서 먹고 살아.

그런데 요즘 지구의 온도가 점점 높아져서 여름이 되면 얼음이 많이 녹아. 예전에는 운동장처럼 크고 넓었던 얼음판이 녹아서 조각들이 되고, 얼음 조각들은 더 작게 갈라져서 서로 멀리 떨어져 나가기도 해. 사냥하다가 힘들면 얼음 위로 올라가서 쉬어야 하는데, 요즘은 얼음 조각들이 멀리 떨어져 있어서 헤엄쳐가기가 힘들어. 얼음에서 얼음까지의 거리가 너무 멀어서 헤엄쳐가다가 물에 빠져 죽는 친구들도 많아졌어. 이게 다 지구가 더워지면서 생긴 일이야.

그럼 지구는 왜 더워지고 있을까? 가장 큰 이유는 온실가스 때문이야. 바깥이 추워도 온실 속은 열기가 모여 있어서 따뜻한 것처럼, 대기 중의 이산화탄소나 여러 다른 온실가스가 지구 안에 열을 가둬서 지구를 뜨겁게 만들고 있어.

우리 북극곰들이 살 곳을 잃지 않으려면 너희들의 도움이 꼭 필요해. 사람들이 쓰는 전기는 대부분 석탄이나 석유 같은 연료를 태워서 만드는데 이때 온실가스가 나와. 그러니 전기를 조금 더 아껴서 써 줘. 자동차도 석유를 넣어서 쓰기 때문에 운전할 때 온실가스가 나오지. 가까운 거리를 갈 때는 자동차 대신 자전거를 타거나 걸으면 어

단어 뜻 보기

열기 뜨거운 기운
대기 지구를 둘러싸는 기체

떨까? 지구가 덜 뜨거워지면 우리가 사는 북극의 얼음도 덜 녹을 거야.

친구들아, 우리 북극곰들을 꼭 도와줘!

– 작은 얼음 조각 위에서 너의 친구 북극곰이

내용 파악 ★ **1** 편지를 쓴 주인공은 어떤 동물인가요?

내용 파악 ★★ **2** 편지 속 동물에 관한 내용으로 바르지 <u>않은</u> 것은 어느 것인가요?

① 북극에서 살면서 바다표범을 사냥해서 먹는다.

② 얼음 조각들이 작게 갈라져서 쉴 곳이 없다.

③ 지구의 온도가 점점 낮아져서 얼어 죽는 친구들이 많다.

④ 너무 오랜 시간 헤엄쳐서 물에 빠져 죽는 친구들이 많다.

낱말 이해 ★★ **3** 지구의 열이 빠져나가지 못하게 모아서 지구를 뜨겁게 만드는 대기 중의 물질을 무엇이라고 하나요?

4 다음 중 북극곰들을 돕는 방법으로 알맞지 <u>않은</u> 것은 무엇인가요?

① 전기를 아껴 쓴다.

② 석탄이나 석유 사용을 줄인다.

③ 가까운 거리는 되도록 걷는다.

④ 지구가 시원해지도록 에어컨을 많이 튼다.

5 〈보기〉에서 알맞은 말을 찾아 편지 속의 북극곰이 처한 상황의 원인과 결과를 정리한 표를 완성해 보세요.

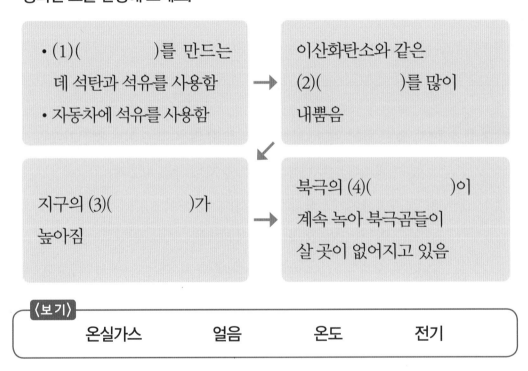

- (1)(   )를 만드는 데 석탄과 석유를 사용함
- 자동차에 석유를 사용함

→ 이산화탄소와 같은 (2)(   )를 많이 내뿜음

지구의 (3)(   )가 높아짐

→ 북극의 (4)(   )이 계속 녹아 북극곰들이 살 곳이 없어지고 있음

〈보기〉

온실가스   얼음   온도   전기

★ 나만의 이야기 만들기 ★

점점 얼음이 녹아 살 곳이 줄어들고 있는 북극곰을
도와주려면 어떻게 해야 할까요? 내가 실천할 수 있는
약속을 담아 북극곰에게 답장을 보내 주세요.

불쌍한 북극곰아,

너를 걱정하는 친구   가

정답과 해설

어떻게 **읽을까**
무엇을 **읽을까**

어떻게 읽을까

독해기술 01 낱말 이해하기

17쪽

> 1 새끼를 낳아 기를 때 젖을 먹이는
> 2 (1) 뽐내, 자랑 (2) 겸손

1 뜻풀이 찾기 글의 첫 번째 문장에 포유류의 뜻이 나와 있습니다. 포유류는 '어미가 새끼를 낳아 기를 때 젖을 먹이는 동물'입니다.

2 단서 찾기 (1) 글의 두 번째 문장 '내가 알고 있는 것이나 할 수 있는 것을 남들 앞에서 지나치게 뽐내거나 자랑하는 것은 나에게 도움이 되지 않습니다'에서 자만의 뜻이 '나에 관해 지나치게 뽐내거나 자랑하는 것'임을 짐작할 수 있습니다.
(2) '그러므로 항상 겸손한 마음을 지니려고 노력해야 합니다'라는 문장에서 자만과 반대되는 말로 '겸손'을 썼음을 알 수 있습니다. 겸손은 '남을 존중하고 자기를 낮추거나 내세우지 않는 모습'을 뜻하는 낱말입니다.

독해기술 02 가리키는 말 알기

19쪽

> 1 (1) 도서관 (2) 지윤이 (3) (3년 전에 난) 큰불
> 2 인영이, 행복초등학교

1 가리키는 대상 찾기 (1) '거기'는 수진이가 말한 도서관입니다.
(2) '그 애'는 토끼를 닮은 지윤이를 가리킵니다.
(3) '그 사건'은 3년 전에 우리 마을에 난 큰불을 다시 쓴 말입니다.

2 글에서 가리키는 대상 찾기 "인영아, 서현이가 전학 간대! 아, ㉠너는 서현이랑 친하니까 이미 들었겠네."라는 문장에서 ㉠너는 지금 이 말을 듣고 있는 글의 주인공 '나'인 '인영이'라는 것을 알 수 있습니다. 그리고 "행복초등학교로 간대."라는 말에서 서현이가 전학 가게 될 학교 이름이 나옵니다. 따라서 '㉡그 학교에 가서 다른 친구들을 사귀어도 우리 자주 연락하자!'의 ㉡그 학교는 '행복초등학교'임을 알 수 있습니다.

독해기술 03 글감 파악하기

21쪽

> 1 (1) 색깔 안경 (2) 색깔 안경   2 ②

1 반복되는 말 찾기 (1) 이 시에서 여러 번 나오는 중요한 낱말은 '색깔 안경'이므로 그 낱말에 동그라미를 칩니다.
(2) 쓰고 나갈 때마다 세상을 다른 색으로 보게 해 주는 신기한 '색깔 안경'이 이 시의 글감입니다.

② 글감 파악하기 ①~④번 중 글에 자주 나오는 낱말은 '엄마'와 '심부름'인데, 이 글은 주인공이 오빠와 함께 가게에 가서 우유를 사 오는 심부름을 하고 돌아오는 길에 느낀 뿌듯함을 썼으므로 글감은 '심부름'이라는 것을 알 수 있습니다.

독해기술 04 주제 이해하기

23쪽

> **1** 욕심　　**2** ②

① 짧은 글의 주제 찾기 글쓴이는 치즈 케이크를 너무 좋아하는 혜진이 이야기를 통해 주제를 전달하고 있습니다. '엄마는 늘 맛있는 것이 있으면 욕심부리지 말고 동생과 나눠 먹으라고 말씀하지만'과 '치즈 케이크를 혼자 먹으려고 욕심부렸다가 배탈이 났구나!'라는 부분에서 글쓴이가 전하려는 주제(중심 생각)가 '지나친 욕심을 부리지 말자'라는 것을 알 수 있습니다.

② 긴 글의 주제 찾기 첫 번째와 마지막 단락에 글쓴이가 말하려는 주제가 나와 있습니다. 동물에게는 돌봄과 배려가 필요하므로 '애완동물을 키우려면 먼저 준비가 되어 있어야 한다'라고 말하는 ②번이 글의 주제(중심 생각)입니다.

독해기술 05 내용 파악하기

25쪽

> **1** (1) 해설 참조
> 　(2) 타지 못한 것: 우주선
> 　　 못 탄 이유: 아직 키가 작아서
> **2** (1) ○　(2) ✕　(3) ○

① 중요 정보 파악하기 (1) 글을 읽을 때 세세한 정보를 잘 찾아서 구분해 놓으면 내용을 더 쉽게 이해할 수 있습니다. 누가, 언제, 어디서, 무엇을 했는지를 구분해 봅시다.

누가	언제	어디서	무엇을
엄마와 나	지난 일요일	놀이 동산	놀러 갔다 / 기차를 탔다

(2) '우주선도 타고 싶었는데 아직 키가 작아서 안 된다고 해서 아쉬웠어요'에서 주인공이 타지 못한 것이 우주선이고, 아직 키가 작아서 못 탔다는 것도 알 수 있습니다.

② 틀린 정보 찾기 문어는 몸을 작게 오그려서 좁은 틈도 지나 다닐 수 있다고 글의 첫 문장에서 말하고 있기 때문에 (2)번이 잘못된 내용을 말하는 문장입니다. 글을 읽을 때 스쳐 지나가듯이 읽으면 정보를 잘못 기억하기 쉽습니다. 전체를 읽은 다음 정보를 따로 구분해 표시해 두면 틀린 정보를 찾기 쉽습니다.

독해기술 06 비교하기

27쪽

1 성격	2 해설 참조

1 **비교 기준 찾기** '잘 웃는다', '화를 잘 낸다', '말을 걸면 친절하게 대답한다', '말을 걸어도 대답을 잘 안 한다' 등으로 보아 '성격'을 기준으로 두 친구를 비교했다는 것을 알 수 있습니다.

2 **비교하기** 형 놀부와 동생 흥부의 성격을 비교해서 보여주는 글입니다. (1)번은 '형인 놀부는 욕심이 정말 많습니다'와 '형과는 달리, 흥부는 별로 욕심이 없어요'라는 문장을 참고하세요. (2)번과 (3)번은 '주변 사람에게도 불친절하고 동물들도 괴롭힙니다'라는 문장과 '사람들에게 친절해서 칭찬을 받아요. 또 아픈 동물도 잘 보살펴 준답니다'라는 문장을 보면 놀부와 흥부의 성격이 어떻게 다른지 알 수 있습니다.

	흥부	놀부
(1)	욕심이 (별로 없다/ 많다).	욕심이 (별로 없다 / 많다).
(2)	사람들에게 (친절하다/ 불친절하다).	사람들에게 (친절하다 /불친절하다).
(3)	동물을 (잘 보살핀다/ 괴롭힌다).	동물을 (잘 보살핀다 /괴롭힌다).

독해기술 07 분류하기 / 적용하기

29쪽

1 해설 참조	2 (1) 112 (2) 119

1 **글의 정보 분류하기** 나무에서 나는 열매로 사람이 먹을 수 있는 것은 과일이고, 채소는 사람이 먹기 위해 키우는 풀을 말합니다. 글 속에서 어떤 것들이 과일과 채소로 분류되어 있는지 확인하세요.

과일	채소
사과, 배, 귤, 포도, 망고	시금치, 오이, 배추, 깻잎, 호박

2 **배운 내용 적용하기** (1) 도둑은 나쁜 사람입니다. 집에 도둑이 든 것 같을 때 우리는 빨리 112로 전화를 걸어 신고해야 합니다.

(2) 아파서 구급대원의 도움이 필요할 때는 119로 전화를 걸어 도움을 받아야 합니다.

독해기술 08 원인과 결과 찾기

31쪽

1 (1) 가 (2) 나	2 해설 참조

1 **원인 파악하기** (1) 추운 겨울날, 외투도 안 입고 밖에서 오랫동안 눈싸움을 하면[원인] 감기에 걸려 아프게 됩니다[결과].

(2) 계단을 뛰어 내려가다가 친구와 부딪혀서 넘어진 일이 '원인'이 되면 다리가 부러져서 치료를 받게 되는 '결과'를 낳습니다.

② **원인과 결과 알기** 이 이야기에는 두 가지 원인과 결과가 나옵니다. 첫 번째는 농부가 열심히 농사를 지어 거둔 곡식을 팔아 돈을 모았기 때문에 옆집 부자에게 조그만 밭을 살 수 있었다는 것, 두 번째는 처음으로 산 밭이었기 때문에 농부는 무척 기뻤다는 것입니다. 글에서 벌어진 사건이나 일(결과)과 그 결과를 일으킨 까닭(원인)을 구별해서 읽어 보세요.

	원인	결과
(1)	농사를 지어 거둔 (곡식)을 팔아 (돈)을 모았기 때문에	(밭)을 살 수 있었다.
(2)	태어나서 처음으로 산 (밭)이었기 때문에	농부는 무척 기뻤다.

(2) 식사를 한 다음에는 이를 깨끗이 닦아야 합니다[주장]. 그렇게 해야 충치를 예방할 수 있기 때문입니다[근거].

(3) 산과 바다가 더러워지면 동물들이 살 곳이 없어지기 때문에[근거] 산과 바다에 쓰레기를 함부로 버리면 안 됩니다[주장].

② **주장과 근거 찾기** (1) 엄마에게 용돈을 올려 달라고 부탁하면서 올려야 하는 이유를 쓴 편지입니다. 글의 처음과 마지막에 나오는 '제 용돈을 좀 올려 주세요'와 '엄마, 제발 제 용돈 좀 올려주세요'에 밑줄을 긋습니다.

(2) 용돈을 올려야 하는 이유로 글쓴이는 빵과 과잣값이 비싸서 지금 용돈으로는 몇 번 못 사 먹기 때문에 용돈이 부족하다는 근거를 듭니다. 또한, 배가 고프면 어지럽고 기운이 없어서 공부에 집중이 안 된다는 이유도 들었으므로 답은 ①번과 ③번입니다. ②번과 ④번 내용은 글에 나오지 않으므로 답이 될 수 없습니다.

독해기술 09 주장과 근거 나누기

33쪽

1 (1) 주장, 근거 (2) 주장, 근거 (3) 근거, 주장
2 (1) 제 용돈을 좀 올려 주세요.
  엄마, 제발 제 용돈 좀 올려 주세요.
  (2) ①, ③

① **주장과 근거 나누기** 보통 주장하는 내용을 '~해야 합니다' 형태로 표현할 때가 많습니다. 주장을 뒷받침하는 근거는 주장하는 문장 뒤에 나오기도 하고 앞에 나오기도 합니다.

(1) 손에는 여러 가지 병균이 묻기 쉽기 때문에[근거] 평소에 손을 자주, 깨끗하게 씻어야 합니다[주장].

독해기술 10 추론하기

35쪽

1 (1) 머리끈 (2) ④ (3) ④

① **성격과 벌어질 일 추론하기** (1) 어깨까지 내려오는 머리카락이 신경 쓰여서 공부할 때 늘 머리를 묶는 수빈이가 깜박 잊고 머리끈을 안 가져오자 어떻게 머리끈을 구할 것인지 고민하는 내용이 쓰여 있습니다.

(2) 미진이가 한 말을 통해 효림이의 성격을 짐작할 수 있습니다. 별로 친하지 않은 친구들에게 머리끈을 빌려 달라는 부탁을 받았을 때도 선뜻 빌려주는 효림이는 다른 사람에게 매우 친절한 학생일 것입니다.

(3) 효림이에게 머리끈을 빌린 적이 있는 미진이에게 수빈이는 "난 효림이랑 안 친한데 빌릴 수 있을까?"라고 묻습니다. 빌리고 싶은데 효림이랑 친하지 않기에 꺼려하는 마음이 드러나지요. 그런데 미진이가 "다른 애들이 부탁해도 늘 웃으면서 잘 빌려주더라. 일단 효림이한테 물어보자."라고 말합니다. 이 말을 보면 뒤이어 일어날 일을 예상할 수 있습니다. 수빈이는 효림이에게 머리끈이 있는지 물어볼 것입니다.

실전! 독해 테스트

[1~3] 36~37쪽

1 사계절
2 (1)-ⓒ (2)-ⓐ (3)-ⓓ (4)-ⓑ
3 추워, 짧아, 길어진다

① 글감 파악하기 이 글의 글감은 봄, 여름, 가을, 겨울 모두를 아우르는 '우리나라의 사계절'입니다.

② 내용 파악하기 계절별로 날씨의 특징을 제대로 아는지 확인하는 문제입니다. 봄에는 새싹이 돋고 개구리들이 잠에서 깨어 활동하기 시작합니다. 여름은 무척 덥고 비가 많이 내립니다. 가을에는 쌀쌀해지면서 나무에서 떨어진 낙엽이 길에 수북이 쌓이고, 겨울에는 날씨가 몹시 추워지면서 눈도 내립니다.

③ 비교하기 가을과 겨울을 설명한 단락을 잘 읽으면 빈칸에 들어갈 알맞은 낱말을 찾을 수 있습니다. 겨울이 되면 가을보다 더 추워지고, 낮의 길이도 더 짧아져서 밤이 길어집니다.

[4~7] 38~39쪽

4 가족처럼 여기며 집에서 기르는 개
5 주인의 연락처를 적은 목걸이를 채우면
6 ②
7 (1) 공격 (2) 배설물 (3) 연락처 (4) 목걸이
(5) 잃어버렸을

④ 낱말 이해하기 글의 첫 번째 문장에 애완견의 뜻이 풀이되어 있습니다. 애완견은 '가족처럼 여기며 집에서 기르는 개'를 말합니다.

5 가리키는 말 알기 밑줄 친 '이렇게 하면' 앞에 나오는 내용을 확인합니다. 앞에는 애완견과 함께 밖에 나갈 때 주인의 연락처를 적은 목걸이를 채우라는 내용이 나옵니다.

6 원인과 결과 찾기 글의 두 번째 단락을 보면 개는 놀라거나 흥분하면 사람들을 물거나 공격할 수 있다고 나옵니다.

7 주장과 근거 나누기 글의 주제(중심 생각)는 애완견을 밖에 데리고 나갈 때 주인이 지켜야 할 예절이 있다는 것입니다. 글쓴이는 세 가지를 주장하면서 주제를 풀어갑니다. 첫째는 개가 놀라거나 흥분하면 사람을 물거나 공격할 수 있으므로 주인이 항상 개를 지켜보고 있어야 한다는 것, 둘째는 길이나 공원 등은 여러 사람이 함께 쓰는 공간이므로 개의 배설물을 바로바로 치울 수 있게 비닐봉지 등을 준비해서 나가야 한다는 것, 마지막으로 혹시라도 개를 잃어버렸을 때 쉽게 연락이 닿게 주인의 연락처가 적힌 목걸이를 꼭 채워서 나가야 한다는 것입니다.

10 원인과 결과 찾기 글의 첫 번째 단락에서 답을 찾을 수 있습니다. 학교는 나 혼자 쓰는 장소가 아니라 '여러 학생이 함께 이용하는 곳'이어서 '다른 사람에게 불편을 끼치지 않기 위해' 학교에는 지켜야 할 여러 가지 규칙이 있다고 나옵니다.

11 적용하기 글에서 배운 학교 규칙을 다른 장소에서 어떻게 적용할지 확인하는 문제입니다. 도서관은 책을 읽고 공부하는 장소니까 다른 사람에게 방해되지 않게 조용히 책을 읽어야 하고, 놀이터는 친구들과 함께 놀이 기구를 타면서 놀거나 운동하는 곳이니 학교 체육관이나 운동장에서 체육기구를 쓸 때 주의하는 것처럼 놀이기구를 사용할 때 조심해야 합니다. 학교 급식실에서 급식을 타기 위해 자기 차례를 기다리며 줄을 서는 것처럼 버스 정류장에서는 버스 타기 전에 앞 사람 뒤로 줄을 서서 차례대로 타야 합니다. 지하철역 계단을 올라갈 때는 학교 복도에서 걷거나 계단을 오르내릴 때처럼 오른쪽으로 걸어야 합니다.

[8~11] 40~41쪽

8 ③   9 ④
10 함께 이용하는, 불편을 끼치지
11 (1)-(ㄴ) (2)-(ㄹ) (3)-(ㄱ) (4)-(ㄷ)

8 글감 파악하기 이 글의 주제를 드러내기 위해 사용된 글감은 '학교 규칙'입니다.

9 주제 이해하기 글쓴이가 이야기하고 싶어하는 주제는 '학교에서는 여러 가지 규칙을 지켜야 한다'라는 것입니다. 글의 제목에서도 주제를 파악할 수 있습니다.

무엇을 읽을까

1과 적응과 활동

기초 단어 알아두기   45쪽

| 1 운동장 | 2 시간표 | 3 사물함 | 4 입학식 |
| 5 교과서 | 5 책가방 | | |

01   46~47쪽

| 1 ① | 2 해설 참조 |
| 3 ③ | 4 ④ |

① **내용파악** 아침에 등교할 때의 주희와 성진이의 행동을 비교한 글입니다.

② **비교하기** 주희는 어머니의 힘을 빌려서 책가방 챙기기, 책가방 메고 학교 오기, 책상 서랍에 책 정리하기 활동을 했고, 성진이는 스스로 했습니다.

한 일	주희	성진
(1) 책가방 챙기기	스스로/⟨어머니⟩	⟨스스로⟩/어머니
(2) 책가방 메고 학교 오기	스스로/⟨어머니⟩	⟨스스로⟩/어머니
(3) 책상 서랍에 책 정리하기	스스로/⟨어머니⟩	⟨스스로⟩/어머니

③ **내용파악** 세 번째 단락의 마지막 문장을 보면 주희가 앞으로는 '자기 일을 스스로 하는 사람이 되어야겠다'고 생각하는 내용이 나옵니다.

④ **내용 파악** 글에서는 초등학생이 되었으니 자기 힘으로 할 수 있는 일은 스스로 하는 것이 중요하다고 말합니다. 돈을 벌어서 부모님께 용돈을 드리는 것은 글에 나오지 않습니다.

02   48~49쪽

| 1 둘러보기 |
| 2 (1)-(ㄴ) (2)-(ㄹ) (3)-(ㄱ) (4)-(ㄷ) |
| 3 ④ | 4 적응 |

① **글감 파악** 민찬이의 학교 둘러보기 활동을 살펴보며 학교에 있는 여러 장소와 그 쓰임을 알아보는 글입니다.

② **내용 파악** 보건실은 아프거나 다쳤을 때 치료받는 곳이고, 교실은 반 친구들과 수업을 듣고 함께 생활하는 곳입니다. 급식실은 점심을 먹는 곳이고, 과학실은 실험이나 관찰 활동을 하는 곳입니다.

③ **내용 파악** 교무실에 관한 설명을 보면 '선생님들은 교무실에서, 교장 선생님은 교장실에서 일하신대요'라고 나옵니다. 그러므로 교무실은 학생들이 공부할 때 이용하는 장소가 아니라는 것을 알 수 있습니다.

④ **주제 이해** 학교에 있는 여러 장소와 각각의 쓰임을 잘 기억해 두면 학교생활에 잘 적응힐 수 있다는 신생님의 말씀이 글의 주제입니다.

50~51쪽

03

1 인사　　　　　**2** ④

3 (1)-ⓒ (2)-ⓐ (3)-ⓑ

4 ③

① 글감 파악 지민이의 인사하는 모습을 보여주며 어떻게 인사해야 하는지 이야기하는 글입니다.

② 추론하기 두 번째 단락을 보면 지민이가 아침에 일어났을 때와 식사를 마쳤을 때 인사를 하는 것이 평소에 하던 행동이 아니라는 것을 짐작할 수 있습니다. 따라서 지민이 부모님은 평소와 달리 인사를 잘하는 지민이를 보며 놀라셨을 것입니다.

③ 적용하기 이 글은 읽으면 아침에 일어나 부모님께 "안녕히 주무셨어요?", 식사 후에는 "맛있게 잘 먹었습니다."라고 인사하는 것이 예의 바른 모습임을 알 수 있습니다. 학교에서 친구를 만났을 때는 "안녕!"이라고 인사하는 것이 바람직하고요. 지민이처럼 어른께 인사드릴 때와 친구에게 인사할 때를 구별해 올바르게 인사할 수 있어야 합니다.

④ 내용 파악 마지막 단락에서 지민이가 예의 바르게 먼저 인사하는 것이 중요하다는 것을 깨닫고 앞으로 더 인사를 잘하는 사람이 되어야겠다고 다짐하는 부분에서 답을 알 수 있습니다.

52~53쪽

04

1 ④　　　　　**2** (1) ✕ (2) ○ (3) ○

3 ④

① 원인과 결과 찾기 그림일기에 관해 설명하는 말 주머니에 특별한 내용을 써야 한다고 생각하기 때문에 그림일기 쓰기가 어렵게 느껴진다는 내용이 나옵니다.

② 내용 파악 두 번째 단락을 보면 그림일기에는 그림과 함께 그림을 설명하는 글을 써야 하고, 그림이 글보다 더 많은 이야기를 들려줄 수도 있다는 내용이 나옵니다.

③ 내용 파악 주어진 그림일기의 마지막 문장에 '내가 제일 좋아하는 혜준이랑 다음에도 놀이터에서 또 놀고 싶다'라고 쓰여 있습니다. 그러므로 다음에 다른 친구랑 놀이터에서 놀고 싶다는 것은 일기 내용과 다릅니다.

54~55쪽

05

1 충치　　　　　**2** ④

3 충치가 생기는 습관: ㉠, ㉣

　충치를 예방하는 습관: ㉡, ㉢

① 글감 파악 충치를 예방하려면 어떻게 해야 하는지에 관한 글입니다.

② 내용 파악 두 번째 단락에서 충치가 생겼을 때의 증상을 설명하고 있습니다. 충치가 심하면 아무것도 씹지 않아도 아프게 느껴질 수 있습니다.

3 분류하기 잠자리에 들기 전에 이를 닦지 않거나 평소 초콜릿과 아이스크림을 자주 먹으면 충치가 생길 수 있습니다. 이에 반해 정기적으로 치과에서 치아 검진을 받고 하루 세 번, 식사 후 3분이 지나기 전에 이를 닦으면 충치를 예방할 수 있습니다.

56~57쪽

06
1 덩치, 행동　　**2** ④
3 (1) 규민: 힘이 센 사람
　　(2) 예진: 자기가 가지고 있는 힘으로 다른 사람을 도울 줄 아는 사람

1 원인과 결과 찾기 글의 첫 문장에 규민이가 아이들 사이에서 싸움 대장이라고 소문이 난 까닭이 또래 친구들보다 덩치가 크고 행동도 거칠기 때문이라고 나옵니다.

2 추론하기 '지호를 거칠게 밀어서 지호가 울음을 터뜨리자 자기가 이겼다는 듯이 기세등등한 얼굴로 돌아섰다'라는 부분에서 규민이는 평소에 자신의 거친 행동 때문에 친구들이 울면 자기가 힘이 세다고 느끼며 기세등등했으리라는 것을 짐작할 수 있습니다.

3 내용 파악 글을 보면 규민이와 예진이가 생각하는 멋진 사람이 다르다는 것을 알 수 있습니다. 규민이는 힘이 센 사람을 멋지다고 생각하는 반면, 예진이는 자신이 가지고 있는 힘으로 다른 사람을 도와주는 사람을 멋지다고 생각합니다.

58~60쪽

07
도전! 긴 지문 읽기
1 시계　　**2** ③　　**3** ③
4 (1) 2시 20분　(2) 6시 50분
　　(3) 8시 15분　(4) 10시 45분

1 글감 파악 시계를 제대로 보지 못해 수업 준비에 어려움을 겪는 아이들을 위해 선생님이 시계 보는 방법을 자세히 알려 주는 글입니다.

2 원인과 결과 찾기 첫 번째 단락을 보면 아이들이 시계를 볼 줄 몰라서 수업 종이 울려야 허둥지둥 자리로 돌아간다는 것을 알 수 있습니다.

3 내용 파악 긴 바늘인 분침이 1, 2, 3을 가리키면 5분, 10분, 15분으로 읽어야 한다고 선생님은 설명합니다.

4 적용하기 글에서 설명하는 시계 보는 방법에 따라 시간을 읽어 보세요. 이때 시침의 위치에 주의해야 합니다. 예를 들어, 6시와 7시 사이에 시침이 있으면 7시에 가깝다고 해도 아직 6시입니다.

2과 바른 인성

상황에 알맞게 말하기   63쪽

| 1 (ㄴ) | 2 (ㄷ) | 3 (ㄹ) | 4 (ㄱ) |

64~65쪽

| 01 | 1 ④ | 2 ② |
| | 3 (1) 시력 (2) 특수학급 (3) 짝짓기 (4) 어깨 |

1 원인과 결과 찾기 세 번째 단락에 종민이는 친구들과 함께 짝짓기 놀이에 어울리고 싶었지만 아무도 끼워 주지 않아서 시무룩하게 서 있었다는 내용이 나옵니다.

2 추론하기 종민이의 기분을 눈치채고 앞이 잘 안 보이는 종민이를 자연스럽게 놀이 활동에 끼워 준 지호는 남을 도와주려고 마음을 쓰는, 즉 남을 배려하는 아이임을 짐작할 수 있습니다.

3 내용 파악 시력이 떨어져서 눈이 잘 안 보이는 종민이는 특수학급에서 공부하는 친구입니다. 수학 시간에 한 짝짓기 놀이에 친구들이 종민이를 끼워 주지 않자, 지호는 종민이의 어깨에 손을 올리며 함께 앉았습니다.

66~67쪽

| 02 | 1 ③ | 2 ② |
| | 3 눈물 한 방울 | 4 스르르 |

1 원인과 결과 찾기 시의 앞부분에 주인공이 엄마에게 호되게 야단을 맞고 서럽게 울다가 잠이 들었다는 내용이 나옵니다.

2 추론하기 야단을 치고는 마음이 아파서, 자는 주인공이 모습을 보며 흘린 엄마의 눈물 한 방울에 주인공은 엄마의 사랑을 느꼈을 것입니다.

3 내용 파악 잠든 주인공의 얼굴 위로 떨어진 엄마의 눈물 한 방울에 주인공을 향한 엄마의 사랑과 미안함이 담겨 있습니다.

4 내용 파악 '스르르'는 얽히거나 뭉쳤던 것이 저절로 풀리는 모양, 또는 눈이나 얼음 따위가 저절로 녹는 모양을 나타내는 낱말입니다. 야단맞고 나서 속상했던 주인공의 마음이 엄마의 사랑으로 풀어지는 모습을 나타내는 말이 바로 '스르르'입니다.

68~69쪽

| 03 | 1 ④ | 2 껴안 |
| | 3 포옹 | 4 ㉡, ㉠, ㉣, ㉢ |

1 내용 파악 밑줄 친 '아무도 예상하지 못한 놀라운 일'이 무엇인지는 다음 단락에 나와 있습니다. 언니인 카이리가 아픈 동생을 껴안자 생명이 위험했던 동생의 상태가 점점 좋아졌다는 내용입니다.

2 낱말 이해 '포옹'이라는 낱말 바로 앞에 '아픈 동생을 껴안았어요'라고 나옵니다. 이것으로 보아 포옹은 '다른 사람을 껴안는 것'임을 알 수 있습니다.

3 내용 파악 언니의 포옹으로 생명이 위험했던 동생이 다시 건강을 되찾았다는 것이 주된 내용이므로 이 글에 어울리는 제목은 '동생의 생명을 지킨 언니의 포옹'이라고 볼 수 있습니다.

④ 내용 파악 이 글은 ㉡심장병으로 몸이 약해진 동생 옆에 ㉠언니인 카이리를 눕히자 ㉣언니의 포옹으로 동생의 몸 상태가 좋아졌고, ㉢이러한 기적이 전 세계 사람들에게 감동을 주었다는 순서로 내용이 나옵니다.

70~71쪽

04
1　③
2　(1)-㉡-㉮　(2)-㉠-㉯
3　㉠: 비둘기　㉡: 개미　㉢: 비둘기　㉣: 개미

① 내용 파악 밑줄 친 '아무것도 모른 채'의 바로 앞 문장을 보면 사냥꾼이 나무 위에 있는 비둘기를 총으로 겨누고 있었다는 내용이 나옵니다.

② 내용 파악 개미와 비둘기가 서로 어떤 도움을 주었는지를 생각해 보세요. 비둘기는 나뭇잎을 떨어뜨려서 개미를 도와주었고, 개미는 사냥꾼의 발을 꽉 깨물어서 비둘기를 도와주었습니다.

③ 가리키는 말 알기 글을 꼼꼼하게 읽으면 ㉠~㉣이 각각 무엇을 가리키는지 알 수 있습니다. "㉠네(비둘기)가 나뭇잎을 던져 주지 않았다면 ㉡나(개미)는 빠져 죽었을 거야." "㉢너(비둘기)도 ㉣내(개미) 목숨을 구해 주었잖아."

72~73쪽

05
1　나눔　　2　④
3　②

① 글감 파악 이 글에서는 나눔이 무엇인지에 관해 이야기하고 있습니다.

② 내용 파악 나눔은 내가 가지고 있는 것을 도움이 필요한 사람에게 주는 것입니다. 이 글에서는 꼭 많은 돈을 기부하거나 내가 가진 것을 다 주는 것이 훌륭한 나눔은 아니라고 설명하고 있습니다.

③ 적용하기 어떻게 나눔을 실천할 것인가에 관해 글의 내용과 같은 목소리를 내는 친구는 자기가 할 수 있는 작은 나눔부터 실천하기 위해 나눔 돼지저금통에 용돈을 모으겠다고 말한 나연이입니다.

74~76쪽

06
도전!
긴 지문
읽기
1　②　　2　④　　3　③
4　위험　　5　㉡, ㉠, ㉣, ㉢

① 추론하기 '이상한 소리'가 들리고 나서 두 친구 앞에 커다란 곰이 나타났으므로, 그 소리는 큰 곰이 두 친구에게 다가오는 소리였음을 짐작할 수 있습니다.

② 원인과 결과 찾기 나무 위에 올라간 친구는 나무 밑의 친구에게 "그러다가 나까지 떨어지면 둘 다 죽게 될 수도 있네. 얼른 다른 나무로 가게!"라고 말합니다. 이 말에서 나무 위로 올라간 친구는 자기가 죽을까 봐 다른 친구를 돕지 않았음을 알 수 있습니다.

③ 내용 파악 나무 위로 올라가지 못한 친구는 누워서 죽은 척을 했습니다.

④ 내용 파악 이야기의 전체적인 내용과 마지막 문장에서, 진정한 친구인지를 확인할 수 있을 때는 위험에 빠졌을 때라는 사실을 알 수 있습니다.

⑤ **내용 파악** 이야기의 순서대로 주어진 그림을 놓으면 다음과 같습니다. ㉠두 친구가 숲길을 걷고 있음 → ㉠곰이 나타나자 놀라 도망침 → ㉣땅에 누워서 죽은 척하는 친구에게 곰이 다가옴 → ㉢곰이 가자 나무 위에 있던 친구가 누워 있던 친구에게 다가와 말을 걸지만 누워 있던 친구는 화를 냄

3과 사회와 생활

상황에 알맞게 말하기   79쪽

> **1** 이준   **2** 은수

    80~81쪽

> **01**   **1** 가족 나무   **2** 관계
>   **3** (1) 큰아빠 (2) 이모부 (3) 외사촌
>   (4) 숙모 (5) 이종사촌

① **내용 파악** 친척들을 부르는 말을 잘 이해하지 못하는 민영이를 위해 엄마는 함께 가족 나무를 그려 보자고 말합니다.

② **내용 파악** 민영이가 수업 시간에 가족을 공부하면서 친척끼리는 서로의 관계에 따라 부르는 말이 달라진다는 것을 알게 되었다는 내용이 첫 번째 단락에 나옵니다.

③ **낱말 이해** 큰아빠, 이모부, 외사촌, 숙모, 이종사촌이 나와 어떠한 관계에 있는 사람들을 부르는 말인지 민영이네 가족 나무 그림을 보면 알 수 있습니다.

    82~83쪽

> **02**   **1** 인사   **2** ④
>   **3** (1)-㉢ (2)-㉠ (3)-㉣ (4)-㉡ (5)-㉤

① **글감 파악** 세계 여러 나라 사람들의 다양한 인사 방법을 소개하는 글입니다.

② **내용 파악** 앞에 세계 여러 나라 사람들은 다양한 방법으로 인사를 한다는 내용이 나오고, 그 뒤에 프랑스의 인사 방법을 예로 들면서 소개하고 있습니다. 따라서 '예를 들어'라는 말이 나오는 게 가장 자연스럽습니다.

③ **내용 파악** 인사할 때 인도 사람들은 "나마스떼."라고 말하면서 고개를 숙이고 미얀마 사람들은 팔짱을 낀 채 고개를 숙입니다. 티베트 사람들은 자신의 귀를 잡아당기며 혓바닥을 길게 내밀고, 태국 사람들은 두 손을 모아 합장을 하며, 프랑스 사람들은 "봉쥬르."라고 말하며 볼을 맞댑니다.

    84~85쪽

> **03**   **1** ④
>   **2** (1)-㉣ (2)-㉡ (3)-㉠ (4)-㉢
>   **3** 병원, 치료, 건강

① **내용 파악** 이 글은 아픈 증상에 따라 어떤 병원에 가야 하는지 동물들을 통해 이야기하고 있습니다.

② **내용 파악** 다리가 부러지면 외과, 배가 아프면 내과, 아기가 열이 나고 아프면 소아청소년과, 이가 썩었거나 아프면 치과에 가야 합니다.

③ 내용 파악 노루 아저씨의 도움을 받은 동물 친구들은 병원에서 의사 선생님께 치료를 잘 받고 다시 건강해졌다고 글의 마지막 문장에서 말하고 있습니다.

86~87쪽

04

1 교통 표지판

2 (1)-ⓒ (2)-ⓐ (3)-ⓑ

3 교통사고, 안전

① 글감 파악 여러 가지 교통 표지판을 보여주며 표지판의 의미를 알려 주는 글입니다.

② 내용 파악 경찰 아저씨의 설명과 '여러 가지 교통 표지판' 표를 참고하세요. '보행자 전용도로' 표지판은 보행자만 다니는 도로라는 의미로, 여기는 차가 들어오면 안 됩니다. '어린이 보호' 표지판은 어린이가 많은 곳이니 운전할 때 주의하라는 의미이며, '위험' 표지판은 위험한 곳이니 주의하라는 의미입니다.

③ 주제 이해 교통 표지판의 지시를 지키면 교통사고의 위험으로부터 안전할 수 있다는 내용이 마지막 단락에 나옵니다.

88~89쪽

05

1 돈

2 물물교환

3 ④

4 ⓒ, ⓑ, ⓓ, ⓐ

① 글감 파악 돈이 왜 만들어졌고 어떤 형태로 발달하였는지를 설명하는 글입니다. 그러므로 글감은 '돈의 발달과 변화'라고 볼 수 있습니다.

② 낱말 이해 두 번째 단락에 '물물교환'의 뜻이 자세히 설명되어 있습니다. 나에게 필요한 물건을 가진 사람과 내가 가지고 있는 물건을 서로 바꾸는 것이 물물교환입니다.

③ 내용 파악 물물교환을 하던 사람들은 물건 대신 물건의 가치를 대신할 교환수단이 필요하다고 느끼게 되었고, 결국 그로 인해 돈을 만들어 사용하게 되었습니다.

④ 내용 파악 돈의 발달 순서는 다음과 같습니다. 처음에는 ⓒ조개껍데기나 소금, 곡식 등을 교환하다가 점차 ⓑ금, 은과 같은 금속을 교환수단으로 사용하고, 간편한 ⓓ종이돈을 거쳐 ⓐ신용카드와 같은 전자화폐를 사용하게 되었습니다.

90~91쪽

06

1 편의시설

2 ④

3 점자

4 ③

① 글감 파악 현관 계단 옆의 경사로, 장애인 전용 주차구역, 엘리베이터 버튼의 점자에 대해 이야기한 다음 글의 마지막 문장에 '지수는 장애인 편의시설이 더 많이 생겨서 장애인들이 더 편하게 생활할 수 있으면 좋겠다고 생각했습니다'라고 정리되어 있습니다. 이것을 볼 때 이 글은 '장애인 편의시설'에 관해 이야기하는 글임을 알 수 있습니다.

② 내용 파악 장애인을 위한 시설의 예로 글에 나온 것은 ① 현관 계단 옆의 경사로, ② 장애인 전용 주차구역, ③ 엘리베이터 버튼의 점자입니다. ④ 백화점의 에스컬레이터는 글에 나오지 않습니다.

3 가리키는 말 알기 "숫자 옆에 튀어나와 있는 ㉠이것은 뭐예요?"라는 지수의 물음에 이미니기 "그건 눈이 보이지 않는 시각장애인들이 손으로 만져 보고 숫자를 알 수 있도록 표시해 놓은 점자란다."라고 설명하는 내용이 나옵니다. 그러므로 ㉠이것은 '점자'를 뜻한다는 것을 알 수 있습니다.

4 내용 파악 마지막 단락에 지수는 장애인의 생활을 돕는 시설들을 찾아보면서 장애인들을 위한 편의시설이 부족하다고 느꼈다는 내용이 나옵니다.

92~94쪽

| **07** 도전! 긴 지문 읽기 | 1 ③   2 ①   3 **해충** 4 (1) ✕ (2) ○ (3) ○ |

1 내용 파악 현수네 집에 모인 벌레는 파리, 모기, 바퀴벌레입니다.

2 원인과 결과 찾기 모기에 물리면 간질간질합니다. 모기의 말에 따르면 모기는 피를 빨아먹는 동안 피가 엉겨 붙지 않도록 특수한 침을 내뿜는데, 그 침 때문에 피부가 가렵고 빨갛게 부어오르는 것입니다.

3 낱말 이해 글의 마지막쯤에 바퀴벌레는 자기와 파리, 모기를 가리켜 "우리 같은 해충"이라고 말합니다. 이것을 보면 병균을 옮겨서 우리 몸을 아프게 만들고 우리 생활에 나쁜 영향을 주는 벌레들을 '해충'이라고 한다는 것을 알 수 있습니다.

4 적용하기 땀을 흘린 후에 제대로 씻지 않거나 음식을 먹은 후에 잘 덮어 두지 않고 아무 데나 놓아두면 모기, 파리, 바퀴벌레와 같은 해충이 좋아하는 환경이 되어 병에 걸리기 쉽습니다.

4과 닮고 싶은 인물

배경지식 확인하기   97쪽

| **1** 베토벤 | **2** 김연아 |

98~99쪽

| **01** | 1 (1) ✕ (2) ✕ (3) ○ (4) ✕ 2 **포기, 연습**   3 ④ |

1 내용 파악 김연아는 타고난 재능뿐만 아니라 하루도 거르지 않는 지독한 스케이팅 연습으로 최고의 피겨 선수가 될 수 있었습니다. 열네 살에 최연소 피겨 국가대표로 뽑혔지만, 밴쿠버 동계 올림픽에서 금메달을 딴 것은 더 나이가 들어서입니다. 김연아는 하루도 거르지 않고 열심히 스케이팅 연습을 했고, 얼음판 위에서 점프 연습을 할 때마다 충격 때문에 늘 허리가 아팠습니다.

2 내용 파악 너무 힘들어서 포기하고 싶을 때도 많았지만 그럴 때마다 더 열심히 연습하며 극복해냈다고 마지막 단락에서 말하고 있습니다.

3 추론하기 스케이팅 연습을 하루도 거르지 않았고 수많은 어려움 속에서도 포기하는 대신, 꾸준히 노력하여 자신의 꿈을 이루어 냈다고 했기 때문에 김연아 선수는 매우 끈기 있고 성실한 성격일 것이라고 짐작할 수 있습니다.

100~101쪽

02　　1　**토론**　　2　④　　3　④

1 낱말 이해 　첫 번째와 두 번째 단락을 보면 어떤 주제나 문제에 관해 찬성편과 반대편으로 나뉘어 자기 생각을 이야기하는 것을 '토론'이라고 한다는 것을 알 수 있습니다.

2 내용 파악 　케네디 가족은 식사 중에 어떤 주제를 놓고 폭넓게 이야기를 나누고 찬성편과 반대편으로 나뉘어 토론을 벌이기도 했으므로, 정답은 ④번 '아이들은 하나의 주제에 관해 폭넓게 이야기했다'가 됩니다. 첫 번째 단락의 내용으로 보아 아이들은 식사하기 전에 식탁 옆에 붙여 둔 신문 기사를 미리 읽고 왔을 것이므로, 부모님이 식사 전에 신문 기사를 읽어 줄 필요가 없었을 것입니다. 또한 케네디 집안의 아이들이 토론을 하다가 싸웠다는 말은 글에 나오지 않으므로 '아이들은 자유롭게 이야기하다가 자주 싸웠다'라는 ③번은 답으로 알맞지 않습니다.

3 내용 파악 　이 글은 케네디 대통령이 어떻게 훌륭한 연설가가 될 수 있었는지를 케네디 가족의 토론 습관과 연결 지어 이야기하고 있습니다.

102~103쪽

03　　1　**예측 신호등**　　2　③
　　3　②　　4　**생각, 발명가**

1 내용 파악 　대웅이가 발명한 것은 횡단보도를 건널 때 남은 시간을 표시해 주는 예측 신호등입니다. '예측 신호등'이라는 말은 끝에서 두 번째 단락에 나옵니다.

2 내용 파악 　대웅이는 우연히 노래방 간판의 글자에 불이 위에서 아래로 차례로 깜박이며 들어오는 것을 보고 예측 신호등의 생각을 떠올렸습니다.

3 추론하기 　대웅이의 예측 신호등은 횡단보도를 건널 때 남은 시간을 알려 주기 때문에 사람들이 지금 건너야 할지, 아니면 기다렸다가 다음 신호에 건너야 할지 판단할 수 있게 도와줍니다. 초록색 신호가 많이 남았으면 사람들이 길을 건너고, 별로 없으면 기다렸다가 다음에 건넜을 것으로 짐작할 수 있습니다.

4 주제 이해 　마지막 단락에 생활 속의 불편을 해결할 수 있는 새로운 생각을 가지고 있다면 누구라도 멋진 발명가가 되어 다른 사람들을 도울 수 있다는 내용이 나옵니다.

104~105쪽

04　　1　**베토벤**　　2　①
　　3　③　　4　④

1 글감 파악 　이 글은 청력을 잃은 절망적인 상황에서도 포기하지 않고 수많은 훌륭한 곡을 작곡한 베토벤에 관한 이야기입니다.

2 원인과 결과 찾기 　베토벤이 좌절했던 까닭은 서른 살이 되기 전, 귀에 문제가 생기면서 청력을 잃었기 때문입니다.

3 내용 파악 　음악가였던 베토벤은 들을 수 없게 되자 처음에는 크게 좌절하였으나, 음악을 포기할 수 없었기 때문에 마지막까지 작곡을 하였습니다.

4 내용 파악 이 글은 청력을 잃었지만 포기하지 않고 훌륭한 곡을 많이 직곡한 베토벤의 모습을 보여주면서 음악을 사랑한 베토벤의 강한 의지를 나타내고 있습니다. 그러므로 이 글에 어울리는 제목은 '어려움이 닥쳐도 포기하지 않은 베토벤'이라고 할 수 있습니다.

일반적인 방법	곤충 표본 나누기 (◯) 곤충 해부 (◯) 곤충의 살아있는 모습 관찰 ( )
파브르의 방법	곤충 표본 나누기 ( ) 곤충 해부 ( ) 곤충의 살아있는 모습 관찰 (◯)

106~107쪽

05

1 곤충	**2** (1) ✕ (2) ◯ (3) ◯
3 인간, 이로운, 해로운	**4** 해설 참조

1 내용 파악 첫 번째 단락에 파브르는 50대가 되어서야 비로소 꿈꾸던 곤충 연구를 시작하게 되었다는 내용이 나옵니다.

2 내용 파악 두 번째 단락을 보면 파브르가 84세에 이르러 낸 곤충기는 총 열 권이었다는 것을 알 수 있습니다. 또 '파브르는 50대가 되어서야 비로소 자기가 꿈꾸던 곤충 연구를 시작하게 되었다'라는 글의 첫 문장에서 알 수 있듯이, 파브르의 꿈의 곤충을 연구하는 것이었습니다. 그리고 마지막 단락에 파브르의 곤충기에는 곤충을 향한 파브르의 애정과 열정이 담겨 있다고 나옵니다.

3 내용 파악 세 번째 단락에 파브르는 인간의 매긴 가치에 따라 곤충을 이로운 곤충, 해로운 곤충으로 나누는 것을 반대했다는 내용이 나옵니다.

4 비교하기 파브르는 그 당시 다른 사람들과는 달리 곤충의 살아있는 모습을 있는 그대로 자세히 관찰하였습니다.

108~110쪽

06
도전!
긴 지문
읽기

1 ③	**2** ③	**3** ②
4 동화작가	**5** ②	

1 내용 파악 친구들은 글을 읽지 못하는 트리샤를 바보 같다고 놀렸습니다.

2 추론하기 트리샤는 글을 읽지 못하는 자신을 바보 같다고 놀리는 친구들 때문에 점점 학교 가는 게 무섭고 싫어졌다고 합니다. 트리샤가 쉬는 시간이 되면 계단 아래에 있는 비밀 장소에 혼자 숨어 있었던 까닭도 이러한 이유 때문이었을 것으로 짐작할 수 있습니다.

3 내용 파악 늘 격려해 주고, 놀이를 같이하며 글자를 알려 주신 폴커 선생님 덕분에 트리샤는 글을 읽을 수 있게 되었습니다.

4 내용 파악 마지막 단락을 보면 글도 읽지 못하던 트리샤가 커서 전 세계 어린이들을 위해 아름다운 글을 쓰는 동화작가가 되었다고 나옵니다.

⑤ 적용하기 다른 친구를 놀리는 아이들이 꼭 어른들께 야단을 맞아야만 그런 나쁜 행동을 고칠 수 있는 것은 아닙니다. 친구들의 도움으로, 그리고 스스로 자기 잘못을 되돌아보고 올바른 방향으로 고쳐나갈 수도 있습니다.

5과 재미있는 동물

배경지식 확인하기   113쪽

〈가로〉 ①달팽이 ②오리 ③개미 ④코뿔소
⑤토끼 ⑥무궁화
〈세로〉 ❶수달 ❷고양이 ❸개나리 ❹코끼리
❺소나무 ❻국화

114~115쪽

01
1 돌고래   2 ④
3 (1) ○ (2) × (3) ○   4 온도, 먹이 사냥

① 내용 파악 글의 첫 문장이 '나는 돌고래 제돌이예요' 라고 시작하므로 제돌이는 돌고래임을 알 수 있습니다.

② 원인과 결과 찾기 첫 번째 단락을 보면 제돌이가 2009년 5월 제주 바다에서 불법으로 고래를 잡는 사람들에게 붙잡혔다는 내용이 나옵니다.

③ 내용 파악 제돌이는 2009년 5월 제주 바다에서 잡혔고, 적응 훈련을 마치고서 2013년 7월 다시 제주 앞바다로 돌아갔습니다. 이를 통해 제돌이가 원래 살던 곳이 제주 바다였고, 다시 제주 바다로 돌아가게 된 것이 잡힌 지 4년 좀 지나서였다는 것을 알 수 있습니다. 또한 세 번째 단락에 나오는 '4년 넘게 사람들이 주는 먹이만 먹고 수족관에서 생활하던 내가'라는 부분에서도 제돌이가 수족관에서 4년 넘게 살았다는 것을 알 수 있습니다.

④ 내용 파악 차가운 바닷물의 온도와 먹이 사냥에 완전히 적응한 제돌이가 원래 살던 제주 앞바다로 다시 돌아갈 수 있었다는 내용이 마지막 단락에 나옵니다.

116~117쪽

02
1 크기, 넓이, 장애물   2 ②
3 (1) × (2) × (3) ○   4 원인: 가슴, 배
                                  결과: 공

① 내용 파악 고양이 수염은 공간의 크기와 넓이를 재고, 장애물을 피할 수 있게 돕는 역할을 합니다.

② 내용 파악 공간의 크기와 넓이를 잴 수 있고 물체의 모습과 크기도 알 수 있는 수염이 있기 때문에 고양이는 눈을 가려도 장애물에 부딪히지 않고 다닐 수 있습니다.

③ 내용 파악 수염이 사방으로 나 있는 것은 고양이입니다. 세띠 아르마딜로의 머리, 꼬리, 어깨, 엉덩이는 단단한 등껍질로 덮여 있어서 잘 보호되지만, 아래쪽의 가슴과 배를 공격 당하기 쉽습니다.

④ 원인과 결과 찾기 세띠 아르마딜로는 적으로부터 가슴과 배를 보호하려고 몸을 공처럼 둥글게 맙니다.

118~119쪽

03 1 ③ 2 ①
3 환경, 색깔 4 허물, 꼬리

1 글감 파악 문어와 다람쥐의 예를 들면서 동물들이 자신의 몸을 지키는 방법을 소개하는 글입니다.

2 가리키는 말 알기 '이러한 동물들'의 바로 앞 문장을 보면 적으로부터 쉽게 도망치지 못하는 느리거나 작고 약한 동물들에 관해 말하고 있습니다.

3 내용 파악 두 번째 단락에 문어는 주변 환경에 따라서 몸 색깔을 바꾼다고 나옵니다.

4 내용 파악 다람쥐가 자신의 몸을 보호하는 방법은 두 가지입니다. 하나는 방울뱀이 벗어놓은 허물에 자기 몸을 문질러 뱀 냄새가 나게 하는 방법과 다른 하나는 자기 꼬리에 열을 모으고 열심히 흔들어 몸이 큰 동물인 것처럼 느껴지게 하는 방법입니다.

120~121쪽

04 1 달걀, 병아리 2 ④
3 ② 4 난치

1 내용 파악 달걀에서 병아리가 태어나는 약 3주간의 과정을 설명한 글입니다.

2 내용 파악 첫 번째 단락의 두 번째 문장을 보면 달걀 노른자위 안에 병아리가 태어날 때까지 필요한 영양물질이 들어있다는 내용이 나옵니다.

3 내용 파악 달걀껍데기는 아주 단단해서 암탉이 달걀 위에 앉아 품어두 잘 깨지지 않는다는 내용이 첫 번째 단락에 나옵니다.

4 내용 파악 병아리 부리 끝에 있는 쌀알 크기의 단단하고 뾰족한 돌기를 '난치'라고 합니다. 이 난치로 달걀껍데기를 10~20시간 쪼아야만 세상 밖으로 나올 수 있습니다.

122~123쪽

05 1 춤 2 ②
3 (1)-ⓒ (2)-ⓐ 4 거리, 속도,
빠르게, 천천히

1 글감 파악 꿀벌들이 춤을 왜, 어떻게 추는지 설명하는 글입니다.

2 원인과 결과 찾기 두 번째 단락에 탐색벌은 맛 좋은 꽃가루와 꿀이 잔뜩 담겨있는 꽃을 발견하면 동료들과 함께 모으러 가기 위해 집으로 돌아와서 춤을 춘다고 나옵니다.

3 내용 파악 벌이 둥글게 원을 그리며 추는 춤은 집 근처에, 즉 아주 가까이에 꿀이 있다는 의미이고, 8자 모양으로 추는 춤은 거리가 멀리 떨어진 곳에 꿀이 있다는 뜻입니다.

4 내용 파악 마지막 단락을 보면 꿀이 있는 곳과의 거리에 따라서 탐색벌이 추는 8자 춤의 속도가 달라진다고 나옵니다. 꿀이 있는 꽃이 조금 멀리 있으면 8자 춤을 빠르게 여러 번 추고, 아주 멀리 있으면 춤을 천천히 몇 번만 춥니다.

06
도전!
긴 지문
읽기

124~126쪽

1 ①   2 ④
3 (1) 파라사우롤로푸스 (2) 트리케라톱스
  (3) 스테고사우루스   (4) 디플로도쿠스
4 육식 공룡: ㉠, ㉣
  초식 공룡: ㉡, ㉢, ㉤, ㉥
5 (1) 뾰족한 (2) 발톱 (3) 육식 공룡
  (4) 나뭇잎

1 내용 파악 글의 첫 번째 문장을 보면 공룡은 식성에 따라 육식 공룡과 초식 공룡으로 나뉜다고 합니다.

2 내용 파악 세 번째 단락을 보면 몸집이 크지 않고, 여럿이 모여 함께 사냥했던 육식 공룡은 벨로키랍토르라고 나옵니다.

3 내용 파악 마지막 단락에서 초식 공룡에 관해 설명하고 있습니다. 주변 풀과 비슷한 피부 색깔로 자신을 보호했던 공룡은 파라사우롤로푸스이고, 머리에 있는 세 개의 큰 뿔로 적을 들이받았던 공룡은 트리케라톱스, 꼬리 끝에 있는 날카로운 침으로 자신을 보호했던 공룡은 스테고사우루스, 아주 긴 꼬리를 채찍처럼 휘둘러서 육식 공룡이 다가오지 못하게 막았던 공룡은 디플로도쿠스입니다.

4 분류하기 벨로키랍토르와 티라노사우루스는 육식 공룡이고, 디플로도쿠스와 스테고사우루스, 파라사우롤로푸스, 트리케라톱스는 초식 공룡입니다.

5 비교하기 두 번째 단락을 보면 육식 공룡은 대부분 이빨이 뾰족하고 발톱이 날카로웠다는 내용이 나옵니다. 초식 공룡은 육식 공룡으로부터 자기 몸을 지키기 위한 특별한 무기를 가지고 있었고, 주로 나뭇잎이나 열매, 풀 등을 먹었다는 내용을 마지막 단락에서 찾을 수 있습니다.

6과 **자연과 환경**

문제해결 방법 생각하기   129쪽

1 - ㉡ - ㉮   2 - ㉢ - ㉯   3 - ㉠ - ㉰

130~131쪽

01

1 봄꽃
2 (1)-㉡ (2)-㉢ (3)-㉠
3 (1) × (2) ○ (3) ×

1 글감 파악 봄꽃을 조사해서 발표한 내용을 담은 글입니다.

2 내용 파악 꽃의 색깔이 흰색 또는 연분홍색이고, 꽃잎을 차로 마시기도 한 것은 벚꽃입니다. 잎보다 꽃이 먼저 피며 4~5월에 피는 것은 진달래꽃이고, 잎겨드랑이에서 노란색 꽃이 1~3개씩 피어나는 것은 개나리꽃입니다.

3 내용 파악 개나리가 병충해와 추위에 강한 것은 맞지만, 활을 만드는 데 사용한 것은 벚나무 껍질입니다. 옛날 사람들은 진달래꽃을 전으로 부쳐 먹기도 했고, '참꽃'이라고도 불렀습니다. 벚꽃을 구경하기 가장 좋은 시기는 7월이 아니라 꽃이 피는 4월경입니다.

132~133쪽

02
1 나무
2 (1) 이산화탄소 (2) 산소 (3) 미세먼지
3 ②

1 `내용 파악` 나무는 이산화탄소를 빨아들이고, 깨끗한 산소를 내뿜으며, 미세먼지까지 줄여 줍니다. 이러한 나무의 기능을 은이가 알게 되면서 나무를 많이 심어야겠다고 생각하는 것이 글의 내용이므로, 글의 제목을 '고마운 나무'라고 짓는 것이 자연스러울 것입니다.

2 `주장과 근거 나누기` 아빠가 은이에게 나무를 많이 심는 이유를 설명해 주는 내용을 보면 공원에 나무를 더 많이 심어야 한다는 주장을 뒷받침하는 근거를 찾을 수 있습니다. 첫째, 나무는 공기 중에 있는 이산화탄소를 빨아들입니다. 둘째, 나무는 깨끗한 산소를 내뿜어 주고, 마지막으로 미세먼지까지 없애 줍니다.

3 `내용 파악` 마지막 문장에 나무를 많이 심어서 공기 오염을 더 줄여야겠다는 은이의 생각이 잘 나타나 있습니다.

134~135쪽

03
1 ④   2 장마
3 ③   4 건물, 안전, 날씨

1 `글감 파악` 이 글은 변화가 많은 여름철 날씨의 특징과 이에 안전하게 대비하려면 어떻게 해야 하는지 설명하고 있습니다.

2 `낱말 이해` 7월쯤 시작해서 한 달 정도 계속 내리는 비를 '장마'라고 한다는 것을 두 번째 단락에서 알 수 있습니다.

3 `내용 파악` 태풍이 오면 거센 비바람 때문에 애써 키운 농작물이 큰 피해를 보기도 한다고 세 번째 단락에 나옵니다.

4 `내용 파악` 네 번째 단락을 보면 태풍이 올 때 건물 안이나 안전한 곳으로 피하고, 날씨 속보에 귀를 기울이며 대비해야 한다는 내용이 나옵니다.

136~137쪽

04
1 (1) 음식물 쓰레기 (2) 돈
(3) 악취 (4) 폐수
2 ①   3 ④

1 `주장과 근거 나누기` 첫 번째 단락에서 글쓴이의 주장과 근거를 찾을 수 있습니다. 음식물 쓰레기를 줄여야 한다는 주장에 대한 근거로 이를 처리하는 데 돈이 많이 들며, 악취도 심하고, 음식물 쓰레기에서 나온 폐수가 심각한 환경문제를 일으킨다고 나옵니다.

2 `내용 파악` 학교에서 나오는 음식물 쓰레기를 줄이는 방법이 제시된 것은 학교 급식 시간에 음식물 쓰레기를 줄이는 것을 말하는 (가)입니다.

3 `내용 파악` 음식점에서 나오는 음식물 쓰레기를 줄이는 방법이 제시된 것은 밖에서 음식을 사 먹을 때 음식물 쓰레기를 줄이는 것을 말하는 (라)입니다.

138~139쪽

05

1 물, 아껴   2 ②

3 (1)-ⓒ (2)-ⓔ (3)-ⓛ (4)-㉠

① `주장과 근거 나누기` 이 글은 물을 아껴 쓰는 것에 관해 이야기하고 있습니다. 특히 두 번째 단락의 '우리도 미리미리 물을 아껴 쓰는 습관을 들여야 합니다'라는 부분과 글의 마지막 문장 '우리가 모두 함께 노력해서 소중한 물을 아끼면 좋겠습니다'에서 글쓴이의 주장이 확실하게 드러납니다.

② `내용 파악` 첫 번째 단락을 보면 우리나라는 미국, 일본 '다음으로' 물을 많이 쓰는 국가라고 나옵니다.

③ `내용 파악` 생활에서 실천할 수 있는 물 아껴 쓰는 방법으로는 양치질할 때 컵에 물 받아서 쓰기, 욕조에서 목욕하기보다 샤워하기, 변기 물탱크 속에 벽돌이나 무거운 물병 넣어두기, 빨래할 때는 한꺼번에 모아서 세탁기 돌리기가 있습니다.

140~142쪽

06
도전!
긴 지문
읽기

1 북극곰   2 ③

3 온실가스   4 ④

5 (1) 전기 (2) 온실가스 (3) 온도 (4) 얼음

① `내용 파악` 편지의 처음 부분만 읽어도 편지를 쓴 주인공이 북극곰임을 알 수 있습니다.

② `내용 파악` 지구의 온도가 높아지면서 북극의 얼음이 녹는 것 때문에 죽는 북극곰들이 많아지고 있다고 북극곰은 말하고 있습니다.

③ `낱말 이해` 열기가 모여 따뜻한 온실 속처럼, 대기 중의 이산화탄소 같은 온실가스가 지구 안에 열을 가둬서 지구를 뜨겁게 만들고 있다고 편지에 나옵니다.

④ `내용 파악` 에어컨을 많이 틀면 그만큼 전기를 많이 쓰게 됩니다. 전기를 만드는 과정에서 온실가스가 나오므로 전기를 많이 쓸수록 지구는 점점 더 뜨거워집니다.

⑤ `원인과 결과 찾기` 전기를 만드는 데 석탄과 석유를 많이 사용하고 자동차도 석유를 넣어서 쓰기 때문에 이산화탄소와 같은 온실가스가 많이 생깁니다. 온실가스가 지구의 온도를 높여 지구가 점점 뜨거워지면서 북극의 얼음이 계속 녹아 북극곰들이 살 곳이 없어지고 있다고 북극곰은 말합니다.